1. 国家社会科学基金：传统农区集体经济组织双重治理的实践逻辑、驱动机理与协同优化研究（22BJY179）

2. 2024 年度河南农业大学哲学社会科学类科研创新基金项目资助（重点项目：SKJJ2024A02）

3. 河南省教育厅人文社会科学廉政专题研究项目（2024LZYB-13）

4. 河南省高校中华优秀传统文化传承发展专项课题（2023-WHZX-05）

两宋职官法再研究：
基于唐宋比较视野

贾秋宇　著

郑州大学出版社

图书在版编目(CIP)数据

两宋职官法再研究：基于唐宋比较视野／贾秋宇著.
郑州：郑州大学出版社，2024.10. -- (眉湖文库).
ISBN 978-7-5773-0720-6

Ⅰ. D922.114

中国国家版本馆 CIP 数据核字第 20244XY006 号

两宋职官法再研究：基于唐宋比较视野
LIANG SONG ZHIGUANFA ZAI YANJIU：JIYU TANG SONG BIJIAO SHIYE

策划编辑	李勇军	封面设计	孙文恒
责任编辑	刘晓晓	版式设计	孙文恒
责任校对	宋雪丽	责任监制	李瑞卿

出版发行	郑州大学出版社	地　　址	郑州市大学路40号(450052)
出 版 人	卢纪富	网　　址	http://www.zzup.cn
经　　销	全国新华书店	发行电话	0371-66966070
印　　刷	河南瑞之光印刷股份有限公司		
开　　本	710 mm×1 010 mm　1／16		
印　　张	9.75	字　　数	136 千字
版　　次	2024 年 10 月第 1 版	印　　次	2024 年 10 月第 1 次印刷
书　　号	ISBN 978-7-5773-0720-6	定　　价	48.00 元

序

在中国古代社会，维护国家政权稳定的重要支柱之一便是官僚集团，正因于此，中国古代的官僚制度，也构成了中国古代政治制度的重要组成部分。自公元前21世纪的夏朝起，官僚制度已存在于中国历史版图上长达四千年之久，且从未中断，这套官僚制度对于维护国家机器的运转、实现国家职能起到了十分重要的作用。在古代中国，杰出的政治家、思想家所阐述的"明主治吏不治民"的主张，更是表达了职官在立政、执法、治民中的重要作用。纵览历史的发展，吏治的好坏关系着一个王朝的兴衰，历代想要有所作为的君王，必然需要控制和约束庞大的职官集团，以此通过治官、控官达到治民、控民之效。而君主对于职官集团的控制和约束主要是通过一套系统化的法律制度实现的。因此，纵览古代中国，诸如《除吏律》《左官律》《九品官人法》《唐六典》《庆元条法事类》《吏部条法》《钦定吏部则例》等都涉及了有关职官的法律规定，职官法的发达程度首屈一指。在这些法律规定中，有对入仕方式的区别、有对职官仕进路径的划分，有加强对职官管理和控制的考课、监察之法，亦有愈益完善的职官待遇保障体系。这些内容构成了十分完整的职官法架构，成了中华法系的重要组成部分。

而如若说中国古代社会是官僚政治的时代，那么两宋时期应称之为文官政治时代。在中国历史的发展过程之中，唯有赵宋的血脉并没有因宋廷南迁

1

而断绝，是在中国历史版图中真真切切地存在了三百余年的王朝。当然，这种延续性也绝非偶然，与其高度发达的文官政治关系甚大。在这一历史时期，文职官员拥有空前广阔的空间以施展政治抱负，政治地位得到了极大的提高。同时，两宋时期又是极为重视法制、崇尚务实的时代，赵宋历任君主为了加强对文官集团的管理与控制，更是在总结唐律的经验和教训的基础之上，制定了更为细密的职官法，这一套职官法在经历了三百余年的洗礼后，亦是变得日臻完备，体现着两宋历任君主对治官的思考，凝结着两宋历任君主的治国智慧。

正如文中研究所得，通过对唐宋时期职官法基本内容的梳理可以发现，就入仕而言，两宋时期的科举之制较之唐朝，更为开放和民主，收拢了大批寒门士子进入职官队伍，将王朝的治国思想通过取士层次下移的方式渗入更为宽广的社会中下层；就铨选而言，两宋官制较之唐朝，最为突出的特点便是官、职、差遣分授，体现着君主对职官权力最为严密的控制与防范；就考课而言，两宋考核官员的重心较之唐朝，开始由功绩向资格转移，年劳和资格成了官员考核之中的关键性因素；就监察而言，两宋时期较之唐朝，为进一步加强对百官的控制和防范，以"耳目"之官充当帝王防范百官的有力臂膀，以层层按察的方式，提高了监察效率；就俸禄和致仕而言，更是成了帝王用以优遇职官、控制职官、拉拢职官，稳定职官的重要手段。

秋宇的这部著作，是在她博士学位论文的基础之上，经过修改和完善而形成的，凝聚着她多年来的研究心得。

祝愿秋宇在学术发展的道路上，载欣载奔，阔步前行！

是为序。

王晓勇

（河南农业大学文法学院院长、教授）

目　录

绪　论

一、选题缘起与意义

古代中国社会是一个职官政治的时代，在这一时代中，明主通过治吏以达治民之效，实现皇权的向下统治。唐宋时期被诸多学者称为一个历史变革期，在这一变革期中，无论是政治体制还是统治环境，都有了突出性的变化，这个变化直接影响着由唐至宋的国家治理路径的选择。

在唐末五代藩镇割据基础上立国的宋朝，可谓吸取了唐以来的历史教训，对中央和地方、君主与百官的权力分配问题进行了一次系统性的思考和总结，并提出了极具赵宋特色的权力分配主张，即空前强化的中央集权统治，并在这一统治背景下形成了唐宋时期面貌迥异的治官之法。

本书是对前部《两宋职官法研究》的一次再总结与再思考，是基于唐宋比较视野下的一次再凝练。对宋代职官法的研究，不能仅限于对有宋一朝职官法的史料挖掘，而应明晰宋代职官法的历史渊源，厘清宋代职官法的发展脉络，辨析唐宋职官法的不同之处，研究唐宋统治者的治官之策，因而具有较高的学术价值和实践价值。

其一，学术价值：形成对唐宋职官法变迁的学理思考。唐宋时期是中国古代社会职官政治的高度发达期，宋朝更是中国历史上文官统治的集大成时期，因此唐宋时期的治官之法，无论是制度建构还是实践价值，都达到了极高的水准。本书在唐宋治官之法进行比较的基础上，对唐宋时期职官法的历史渊源、发展脉络、主要特点厘清的前提之下，提炼中国传统社会治官之法的文化精华，并充分有效地应用于当下的治理之中，开拓传统法律文化研究的新境界。

其二，实践价值：实现传统法律文化的"两创"转化。唐宋时期的治官之法是传统社会的产物，时移世易，虽然这套治官之法已经丧失了存在的历史土壤，但却有着超越时空的合理因素的存在，体现着传统法律文化的传承与发展。在当下的国家治理之中，以良法促善治，以善治保良法，必须充分发挥贤吏在其中的突出作用，而如何打造新时代的贤吏，则可从历史中找寻经验。

近年来，学界多关注于两宋职官管理制度的研究，对涉及职官入仕、铨选、考察、待遇保障体系的研究可谓面面俱到，这为进一步研究两宋时期的职官管理相关内容提供了丰富的理论支撑。然而，由唐至宋，随着立国环境的不同、士大夫阶层的崛起和土地制度的变化，即使在宋承唐制的法制基因下，两宋依然演化出了独具赵宋性格特点的职官法全貌，而这一职官法，虽大体与《宋刑统》之基本精神相适应，却随着时间的变化逐渐变得更为适应宋朝时期国家发展和君主治吏的需要。在由唐至宋的变化过程中，表面上看是职官法内容的不断调整，实质上却是唐宋君主治吏思路的转变。而这一转变也恰恰是两宋没有亡于内的重要原因之一。

尽管职官法在施行的过程中产生了诸多缺陷与不足，这让职官法的实际功用大打折扣，但它实实在在地为赵宋王朝的稳定和发展发挥了不可泯灭的积极作用，尤其是在北宋时期，职官法的作用更是得到了最大程度的发挥，仅从嘉祐二年（1057 年）来看，就涌现出了诸多贤吏良才。因此，对这些优秀的法经验、法文化作以总结，不仅可以使我们更为清楚地认识古人古事，更可以为当下的国家治理提供裨益于国计民生的重要思考。在当下，国家治理是一项具有长期性、复杂性的宏大工程，更需要我们充分凝聚各方力量，使良法贤吏善治获得统一，使良法美意得到真正的贯彻与执行。

二、对既有研究成果的回顾与评述

（一）对既有研究成果的回顾

从目前学界的既有研究成果来看，与唐朝时期职官法、宋朝时期职官法直接相关的内容并不多见，多是依附于职官制度史研究的职官法研究，其中又可具体细分为两类：一是从宏观角度，依附于职官制度通史研究的唐朝时期职官法、宋朝时期职官法；或是依附于唐朝、两宋职官制度史研究的唐朝职官法、宋朝职官法研究；二是从专题角度，依附于唐朝、宋朝职官制度史中的某一专题研究的唐朝职官法、宋朝职官法研究。

1. 宏观研究

徐惠婷、陈煜在《唐朝职官制度的现代意义阐述》[①] 一文中认为唐朝作为我国封建制度史中最为辉煌的一个历史时期，其留给后世的政治、经济、文化方面的成果都有着无与伦比的非凡价值，且在前期作者相关的资料成果中可以发现，很多涉及唐朝职官科举、考课、监察的内容较为稀少，且与现代公务员制度的联系也较少，这就为今后的研究留下了空间。韩国磐在《有轨迹可循的唐朝职官制度》[②] 一文中认为，唐朝时期的职官铨选之法是非常细密的，而这种细密的铨选之法也是实现唐朝三百多年政治稳定的重要支柱。其中体现为职官铨选、职官职守、选任机构、政务往

---

① 徐惠婷、陈煜：《唐朝职官制度的现代意义阐述》，《浙江学刊》2006 年第 6 期。
② 韩国磐：《有轨迹可循的唐朝职官制度》，《江西社会科学》1988 年第 6 期。

来等等，都有严密的法律进行规定和约束。金荣洲在其博士学位论文《7—9 世纪中外司法制度比较研究》① 中以中外对比的视角，将唐朝时期的司法制度与同时期的国外的司法制度进行了对比研究，其中在写到唐朝时期的司法制度时，就唐朝司法官员的具体履职情况进行了一个较为详细的梳理，尤其关注到了唐朝官员的司法调解。杨济亮在《唐朝福建主政官员与福州治理》② 一文中，从主政官员与地方治理的角度入手，对地方官员在州城建设、推行教化、兴修水利、交通建设、对外交流等方面所作出的贡献进行了一个地方志式的梳理。

上述成果，比较均衡地整理并论述了唐朝职官制度的具体内容，著述内容多集中在对官制的梳理，普遍存在较少论及职官法律制度，更未以法律制度为中心进行系统性分析的遗憾。

2. 专题研究

（1）入仕

马秀华在《试述唐朝官员的选用制度》③ 一文中认为，唐朝所建立起的一套较为完善的职官入仕科考、选、用官之制，大多数都流于形式，且体现着较为浓烈的特权思想，最终仍是为专制皇权服务的。乌廷玉在《唐朝多数官员不是进士出身》④ 一文中写道，唐朝时期的官僚集团仍以贵族官僚为主题，很多能够位居相位之人，仍不是科举出身，可见以科举及第之人能够如宋朝般顺利步入相位者，还是少之又少的。

第一，科举制度方面。王一童在其文章《唐代科举进士行卷之风与社

---

① 金荣洲：《7—9 世纪中外司法制度比较研究》，博士学位论文，陕西师范大学，2011。

② 杨济亮：《唐朝福建主政官员与福州治理》，《福建史志》2020 年第 4 期。

③ 马秀华：《试述唐朝官员的选用制度》，《边疆经济与文化》2006 年第 4 期。

④ 乌廷玉：《唐朝多数官员不是进士出身》，《社会科学战线》1978 年第 4 期。

会影响》① 中认为，唐代虽然施行科举制，但由于行卷之风盛行，虽然初衷是使士子有更为广泛的发展之路，不埋没人才，但最终没有逃脱"买卖"之风，使科举的公平性和公正性大打折扣。朱子彦在其文章《唐代科举制度和牛李党争》② 中认为，唐中后期由于权臣的出现，党争频发，而党争也深刻地影响了科举考试，不同党派之间的官员都与科举士子形成了不同的派系，所谓的同门也就变成了变相的党派之间的人际关系的延伸，而这种延伸使本该选才的科考变成乌烟瘴气的官场拉帮结派。无独有偶，胡可先在其文章《"座主"与"门生" 唐代科举助长了官场裙带关系吗》③ 中认为，由于唐朝时期施行"座主"制，这也就相应地形成了"门生"制，这些"座主"与"门生"之间结成了广泛的权力关系网，入网之人，往往只认"座主"，不认君主，这也导致了君权的衰微。同时，这些权力关系网又融入了复杂的政治关系，在这一关系中又对党派的形成产生了影响。

第二，荫补制度方面。孙俊在其文章《唐代特恩荫探析》④ 中认为，唐朝时期对职官的恩荫主要体现在前朝名臣之子孙上，同时对前朝名臣的范围圈定为北齐、北周和隋朝三代，当然这些特恩荫制度纵使对其子孙有所恩荫，也不可能超过该去世职官所拥有的最高品阶。

（2）职官铨选

易清、胡高飞在《论唐朝官员选拔中的举主连坐制度》⑤ 一文中认为，

① 王一童：《唐代科举进士行卷之风与社会影响》，《青年文学家》2021 年第 33 期。
② 朱子彦：《唐代科举制度和牛李党争》，《济南大学学报（社会科学版）》2016 年第 4 期。
③ 胡可先：《"座主"与"门生" 唐代科举助长了官场裙带关系吗》，《人民论坛》2016 年 9 月增刊。
④ 孙俊：《唐代特恩荫探析》，《云南社会科学》2013 年第 2 期。
⑤ 易清、胡高飞：《论唐朝官员选拔中的举主连坐制度》，《船山学刊》2010 年第 3 期。

唐朝时期在入职官铨选中已经出现了举主连坐的规定，体现出了非常鲜明的防范目的，且这一制度对维护职官选任的公平起到了重要作用。

第一，官制问题方面。王孙盈政在其文章《再论唐代的使职、差遣》①中认为，职官能够担任何种职务，很大程度上取决于他的使职与差遣，虽然唐朝中央政府不遗余力地希望将使职归于职事官系统之中，但是伴随着唐中后期之后，中央对地方把控力的逐渐衰微，使职、差遣依然存在，并且呈现出继续扩大的趋势，同时由于唐中后期战乱等，有更多的宰相之官反倒拥有了一些临时性的差遣，比如可以随时调运粮草等。杜文玉在其文章《从唐初官制看李世民夺位的基本条件》②中认为，唐初时期特殊的官制体系为李世民发动政变提供了条件，也因此可以看出，李世民的政变并不是一个无心、随意、临时之举，而是有意为之。

第二，荐举制度方面。刘杰在其硕士学位论文《唐代荐举制度研究》③中，从荐举内容、荐举形式等方面对荐举制进行了一个较为深入的研究，认为荐举制的存在在最大程度上将举官者的身份对仕途的影响降到了最低，尽最大可能地实现因才而举。王佺在其文章《唐代荐举之制与文人干谒之风》④中认为，荐举对文人干谒之风的形成起到了促进性作用，并不利于以"公"推荐。宁欣在其文章《论唐代荐举》⑤一文中认为，伴随着官僚体制的逐渐完善，荐举制逐渐走向成熟，但在成熟之中也显示出了向"资"倾斜的问题，而这种以"资"取人的方式，虽然实现了王朝政权统治的相对稳定，但造成了贤愚并进、官场死气沉沉之景。

---

① 王孙盈政：《再论唐代的使职、差遣》，《历史教学》2016 年第 20 期。

② 杜文玉：《从唐初官制看李世民夺位的基本条件》，载史念海主编《唐史论丛》（第七集），陕西师范大学出版社，1998，第 181—197 页。

③ 刘杰：《唐代荐举制度研究》，硕士学位论文，河北师范大学，2012。

④ 王佺：《唐代荐举之制与文人干谒之风》，《齐鲁学刊》2010 年第 5 期。

⑤ 宁欣：《论唐代荐举》，《历史研究》1995 年第 4 期。

（3）考课制度

杜文玉在其文章《唐代如何通过考课制度改善吏治》① 中高度评价了唐朝时期的职官考课制度，认为其达到了史上的最高水平，代表着最为完善的考核体系，同时由于职官考课制度的完善，更是使唐朝时期出现了不少贤才良吏，而这些历史经验更是对当下社会极具借鉴意义。霍存福在其文章《从考词、考事看唐代考课程序与内容》② 中认为，唐代的考词最能反映一个职官考课的实际情况，是唐朝官员真实履职的反映，同时考课也成了指导官员行为方式的指挥棒，是规范职官言行的一面镜子。詹灵杰在其文章《唐代考课与吏治关系》③ 中认为，唐朝时期是非常重视考课制度的，这也是唐朝吏治清明的重要原因，而政治浑浊之时，也是考课难以推行之际，更是政治腐败之世，同时也是亡国之期。钟莉在其文章《浅议唐代考课制度》④ 一文中认为，唐朝时期的考课制度最为悠久，而隋朝时期并没有很好地执行考课之责，这也成了隋朝亡国的重要原因，而也正是鉴于此，唐朝才会更为重视职官考课。徐珊珊在其文章《唐代考课制度浅析——从唐代考使的角度透析考课制度的演变》⑤ 中认为，唐朝时期非常重视考课制度，不仅制定了非常严密的考课之法，还设置了三种不同的考使，从而对考课过程进行一个再检查、再裁定、再审核。朱华在《唐代刺

---

① 杜文玉：《唐代如何通过考课制度改善吏治》，《人民论坛》2018 年第 23 期。

② 霍存福：《从考词、考事看唐代考课程序与内容》，《法制与社会发展》2016 年第 1 期。

③ 詹灵杰：《唐代考课与吏治关系》，《淮北师范大学学报（哲学社会科学版）》2012 年第 2 期。

④ 钟莉：《浅议唐代考课制度》，《沈阳农业大学学报（社会科学版）》2010 年第 5 期。

⑤ 徐珊珊：《唐代考课制度浅析——从唐代考使的角度透析考课制度的演变》，《首都师范大学学报（社会科学版）》2010 年增刊。

史考课制度初探》①一文中认为，唐朝统治者为了强化对地方的管理和控制，加大了对地方刺史的考核力度，使地方刺史在考核、升降、黜陟方面都有了非常细密的法律规定，而这些规定对实现地方治理起到了非常重大的作用。

（4）监察制度

方资在其硕士学位论文《唐朝监察官员选任和管理制度研究》②中认为，唐朝监察官在维护王朝统治方面起到了非常重要的作用，同时在梳理唐朝监察官的具体职责的基础上，又对唐朝经验对当下的影响进行了深入剖析，实现了史论结合、以史为鉴的目的。杜文玉在《坚持预防和惩治并举 唐朝如何防范官员权力滥用》③一文中指出，唐朝时期所制定的一系列防范官吏犯罪的法律规定，有效地规范了职官的公务行为，同时又对职官违法行为规定了相应的处罚措施，为吏治清明作出了重要贡献。吕丹在其文章《唐朝监察权力运行研究及现代启示》④一文中认为，虽然我国早期的独立监察权体系形成于魏晋时期，但是到了唐朝时期，才真正算得上是完善起来，并对整个国家的稳定、吏治的清明作出了巨大的贡献。同时，在古今对比中可以发现，古代监察权和现代监察权是不可同日而语的，现代监察权不仅实现了对公职人员的全覆盖，更是实现了真正的为人民而监察。李志刚在《唐代监察权运行中蕴含的制衡理念》⑤一文中认为，

①　朱华：《唐代刺史考课制度初探》，《四川师范学院学报（哲学社会科学版）》1999 年第 4 期。

②　方资：《唐朝监察官员选任和管理制度研究》，硕士学位论文，河北经贸大学，2018。

③　杜文玉：《坚持预防和惩治并举 唐朝如何防范官员权力滥用》，《人民论坛》2018 年第 7 期。

④　吕丹：《唐朝监察权力运行研究及现代启示》，硕士学位论文，山西大学，2020。

⑤　李志刚：《唐代监察权运行中蕴含的制衡理念》，《东岳论丛》2020 年第 7 期。

监察权的行使体现着以权制权的一种模式的应用，是一种制衡理念在监察体系中的体现，而这种制衡现象的出现，与唐朝时期开明的政治环境关系甚大。赵明旸在其文章《论唐代的监察制度与反腐——以御史台与地方监察制度为中心》① 中谈道，唐朝时期为保障职官的廉洁自守，制定了一系列法律规定，而在这些规定中，以监察法最为耀目，同时建立了一套从中央到地方严密的监察网络，而其中御史台则是唐朝监察系统中最高行政机构的代表。刘晓林在其文章《唐代监察官员的职务犯罪行为及其处罚》② 中认为，虽然在唐律之中，未见明显的"监察"二字，但却以"纠弹"等词代表着监察之权，而在唐王朝时期，为了保证吏治的清明，政权的稳定，对有职务犯罪的官员的处罚力度更是要远远大于其他犯罪。潘峙宇在其文章《略论唐代御史台机构设置及其监察权》③ 中认为，"御史"一词虽不是发端于唐朝，但是在唐朝时期达到了最为完备和成熟的状态，并且对当下的监察制度建设有一定的借鉴意义。韩梅在《规训权力：唐代监察制度的一种政治学分析》④ 一文中认为，监察制度对我国古代社会加强专制统治起到了不可或缺的作用，唐朝时期不仅在中央层面形成了严密的监察网络，更是在地方形成了错综复杂的严密监察网，这些担任监察官的人员不仅专业素质高，而且分工极为明确。同时韩梅认为，虽然唐朝时期受制于制度性因素出现了诸多弊端，但是依然有很多值得我们现在学习的经

① 赵明旸：《论唐代的监察制度与反腐——以御史台与地方监察制度为中心》，《保定学院学报》2020 年第 3 期。

② 刘晓林：《唐代监察官员的职务犯罪行为及其处罚》，《甘肃社会科学》2018 年第 5 期。

③ 潘峙宇：《略论唐代御史台机构设置及其监察权》，《地域文化研究》2018 年第 4 期。

④ 韩梅：《规训权力：唐代监察制度的一种政治学分析》，硕士学位论文，上海社会科学院，2016。

验。高峰在《试论唐代御史监察制度》① 一文中认为，唐朝时期的监察制度有其鲜明的特点，比如健全的机构设置，较为完备的法律制度，独立行使监察权，严格筛选优秀的监察人才，等等，这些特点都是非常值得后世借鉴的。

（5）俸禄与致仕

郑春生在《论唐朝官员致仕的形式和致仕后的活动》② 一文中认为，唐朝时期沿用了前代职官年七十而致仕的规定，虽然在这一过程之中，由于利益牵扯的原因，很多官员都在被逼无奈之下选择退出政坛，但职官致仕后的生活也是丰富多彩的，不仅有著书立说之人，还有闲庭野鹤之辈，这些人致仕后的生活，不仅体现着唐朝丰富的文化娱乐生活，更标志着一个王朝政治文明和精神文明的发展。汪翔、郭静在其文章《去留之间：唐代官员对"七十致仕"多元的传统认知》③ 中认为，唐朝时期对职官七十而致仕的观点有三种不同的认识，有年满七十而主动愿意致仕的，有未及七十而主动致仕的，亦有对年已七十却不愿意致仕的。邓志在其硕士学位论文《唐代官员待遇研究》④ 中，从唐代职官在任期间、职官致仕后、职官去世后这三个方面讨论唐代职官的待遇问题。邓志认为，唐代职官的俸禄总体上来说还是较为优厚的。汪翔在其博士学位论文《唐代官员致仕研究》⑤ 中认为，随着安史之乱爆发，唐中后期国势逐渐呈现出衰微之态，因此使本就有待遇落差的高低级职官之间的待遇差别进一步拉大，待遇之

---

① 高峰：《试论唐代御史监察制度》，《鸡西大学学报》2012 年第 9 期。
② 郑春生：《论唐朝官员致仕的形式和致仕后的活动》，《吉林师范学院学报》1999 年第 6 期。
③ 汪翔、郭静：《去留之间：唐代官员对"七十致仕"多元的传统认知》，《河南理工大学学报（社会科学版）》2023 年第 1 期。
④ 邓志：《唐代官员待遇研究》，硕士学位论文，西北大学，2010。
⑤ 汪翔：《唐代官员致仕研究》，博士学位论文，安徽大学，2016。

间的差距也是显而易见地在增长，甚至在有些职官致仕后可以享受半俸的情况下，有些六品以下的职官却被取消了半俸，这对六品以下的末流小官来说，是一个沉重的打击，使他们几乎完全丧失了物质保障。汪翔、张金铣在其文章《近三十年以来唐代致仕制度研究述评》① 中，梳理了三十年来学界对有关唐代职官致仕的成果，认为这些学者的研究呈现出了一个渐进性，逐步深入，并且越发呈现出了多学科融合的特点，当然，在这些研究成果中还存在着实证研究的明显不足之处。王卓在其文章《唐代后期俸禄制度的演变》② 一文中认为，唐朝职官的俸禄大体上包括了职官俸禄、俸料、职田以及禄力四项，而由于到唐中后期以后，唐朝职官的俸禄制一变再变，颇显复杂。同时，学界普遍认为，唐后期的职官月俸是普遍高于唐前期的。南承谟在其文章《试论唐代俸禄制度的变迁及其困境》③ 一文中认为，唐初期职官俸禄是明显的重内轻外的，而安史之乱之后，伴随着王朝统治的衰微，地方藩镇割据势力的崛起，地方职官的俸禄远远高于中央官员，倒逼唐中央政府形成了重外轻内的俸禄格局。

（6）唐、宋职官法对比研究

李晓菲在其文章《隋、唐、宋的随身佩鱼与职官制度考》④ 一文中，以职官随身携带的佩鱼为切入点，考察整个职官制度由隋朝到宋朝的发展演变，角度较为新颖。龚延明在其文章《职官制度学养与出土文献整理——以新出土唐、宋两方墓志释读为例》⑤ 中，以出土墓志作为研究的

① 汪翔、张金铣：《近三十年以来唐代致仕制度研究述评》，《沈阳大学学报（社会科学版）》2015 年第 3 期。

② 王卓：《唐代后期俸禄制度的演变》，《陕西学前师范学院学报》2017 年第 3 期。

③ 南承谟：《试论唐代俸禄制度的变迁及其困境》，《文史杂志》2016 年第 2 期。

④ 李晓菲：《隋、唐、宋的随身佩鱼与职官制度考》，《吉林师范大学学报（人文社会科学版）》2013 年第 4 期。

⑤ 龚延明：《职官制度学养与出土文献整理——以新出土唐、宋两方墓志释读为例》，《浙江大学学报（人文社会科学版）》2011 年第 5 期。

切入点，对比了唐、宋官制的不同之处，直指当下学界对唐、宋职官官制研究的一些出入点。宋靖在其博士学位论文《唐宋中书舍人研究》① 中，以唐、宋中书舍人一职为切入点，对唐宋官制进行对比研究，由于中书舍人一职是为唐宋中央行政决策结构的核心成员，故而由唐至宋，中书舍人职重的变化，自然就可以反映出中央行政决策机构职能的变化。赵旭在其博士学位论文《法律制度与唐宋社会秩序》② 一文中认为，虽然北宋初期所定《宋刑统》，大体相沿了《唐律疏议》之内容，使唐宋研究形成对比成为可能，但在此二法典的具体内容层面，依然可以看出唐宋法制侧重点的诸多不同之处，而在这些不同之处中，便可以看出唐宋社会之深刻变革。韩凤山在其文章《唐宋官学制度研究》③ 中，从唐宋官学的角度出发，以一种全景式的角度对唐宋中央行政机构进行了整体论述，对中央和地方的行政管理机构进行了整体剖析。

（二）评述

通过对上述两部分的研究成果的整理可以发现，学界关于唐朝和宋朝职官管理制度的研究非常丰富，但是以唐宋比较为视角进行研究的内容并不多见，而唐宋时期的职官管理制度却体现着一种继承性中的变迁，体现着因具体情况不同而引发的治官之法的不同，因此很有必要以唐宋比较的研究方法综论唐宋时期的职官管理制度。

---

① 宋靖：《唐宋中书舍人研究》，博士学位论文，东北师范大学，2008。
② 赵旭：《法律制度与唐宋社会秩序》，博士学位论文，东北师范大学，2006。
③ 韩凤山：《唐宋官学制度研究》，博士学位论文，东北师范大学，2003。

三、研究方法与创新之处

（一）研究方法

1. 文献研究法

本书以唐宋职官管理制度为研究切入点，综论唐宋时期的职官管理之法及其继承性、变迁性，因此就需要研读大量与唐宋职官管理相关的历史资料，尤其是传世文献、古人文集等，并在此基础之上，对这些历史资料进行深入挖掘和剖析。

2. 比较分析法

比较分析法是通过对两种有相同因素但有差异性的事物的比较，而得出较为客观的结论。唐宋时期职官管理制度，既有其内在的继承性，比如《唐律疏议·职制》与《宋刑统·职制律》就具有极强的继承性，但南宋时期《庆元条法事类》《吏部条法》的出现，则更加体现了唐宋时期基于不同情况和政治谋略而出现的变迁性，很有研究的必要性与价值。

（二）创新之处

宋虽承唐制，但又有更革。受立国政治、经济、文化等诸方面的影响，两宋职官法与唐朝相较，已然发生了很大的变化，尤其形成了以强化中央集权为主线、重文轻武、防范与优遇并用的三大基本原则，并围绕此三原则在职官法的制定中呈现出独具赵宋性格特点的面貌。同时，囿于唐宋统治者对国家治理的侧重点不同，因此对治吏的重心也有了相应的变化，对职官的要求亦有不同的侧重。故而本书从职官入仕、铨选、考课、监察、俸禄、致仕等方面与唐制加以比较，从中考察职官法内容的变迁及原因。

第一章

由唐至宋，职官法立法原则和立法
内容的发展及原因

在唐末五代基础上建国的赵宋王朝，有着与唐初不一样的建国经历，武将黄袍加身的成功，既给予赵氏兄弟二人不一样的人生，也使他们汲取了武官篡权、中央太弱的教训，为他们敲响了警钟。自此，赵宋王朝开启了与唐朝不一样的治国模式，而在这一模式中，最引人注目的当数治吏思路的巨大转变，而在治吏思路转变的影响下，为了防范武将专权、地方分权现象的出现，两宋职官法的立法原则逐渐形成了重文轻武、防范与优遇并重的两大基本原则，同时，在此二原则的指引下，立法内容也较之唐制有了显著的发展。

第一节　由唐至宋，职官法立法原则的变化

一、文武关系的重新调整：重文轻武

唐末、五代以来，武人掌权、专政祸国的现象层出不穷，从安史之乱，到节度使专政掌权，武将始终处于权力的暴风眼之中，甚至北宋立国之君赵匡胤便是后周旧臣，更是武将出身。这些历史原因造就了赵宋历任

君主致力于摆脱对武人治国的倚重，重用文职官员，规定武人不允许管理文官之事，调整文、武关系，重文轻武。正因于此，终宋之世，亦未出现武人专政的乱局。

（一）提升文职官员的政治地位

1. 重文臣

纵使是礼法集大成之唐朝，亦有斩杀御史之例，比如玄宗朝，周子谅直言劝谏，却在朝堂之上被"决杀之"[1]。至两宋时期，文职官员再"无欧刀之辟"[2]。神宗朝，因陕西用兵有所失利，欲斩杀一名曹官，宰相蔡确得知后便于次日劝谏神宗，认为自祖宗朝以来，从没有斩杀士大夫的先例，臣等不希望"自陛下"[3] 来作为开始。孔平仲评价认为，礼待士大夫"莫如本朝"[4]。

自北宋之初而兴起的重文臣之风是有历史根源的。五代以来，对于文臣的轻视屡见不鲜，如史弘肇就认为，安定朝堂，平定祸乱，只需要依靠武将即可，至于文臣"焉足用哉"[5]。五代时期普遍认为，以武力即可得天下，故而文臣的作用微乎其微，这种对文臣的轻蔑源自政权夺取方式的武力性特征，然而也正因为此，在这些武夫悍将的心里并没有忠诚与道义，更多的是嗜利性，以武力夺取，亦因武力而失权。这种周而复始的循环，自然也为以武力夺权的太祖赵匡胤所深知，故而对于文臣的重视自是北宋立国之时的题中之义。太祖皇帝认为，五代时期藩镇祸乱，百姓深受其害，而今多选儒臣，分而治理地方，纵使都是贪污腐化之徒，他们所造成

---

① 刘昫等：《旧唐书》卷九十九，中华书局，1975，第3099页。

② 王夫之：《宋论》卷一，舒士彦点校，中华书局，1964，第6页。

③ 丁传靖辑：《宋人轶事汇编》卷十三，中华书局，2003，第690页。

④ 柳宗元撰：《柳宗元集校注》卷第九，尹占华、韩文奇校注，中华书局，2013，第597页。

⑤ 薛居正等：《旧五代史》卷一百七，中华书局，1976，第1406页。

的危害也不及"武臣一人"①。故而太祖皇帝首先考虑的就是用文臣"夺武臣之权"②。

2. 兴文治

所谓"本朝之所以立国定制、维持人心，期于永存而不可动者，皆以惩创五季而矫唐末之失策为言，细者愈细，密者愈密，摇手举足，辄有法禁。而又文之以儒术，辅之以正论"③，因而两宋时期大兴文治盖自北宋立国之始耳。自此之后，"宋一海内，文治日起"④。两宋时期的文治始自太祖时期，当时的宰相赵普虽熟悉政务却鲜少读书，为相之后，太祖皇帝常常劝勉其多读书，所谓"普少习吏事，寡学术，及为相，太祖常劝以读书"⑤。不仅如此，太祖皇帝亦曾对左右侍臣流露出鼓励武臣读书的想法："朕欲武臣尽读书以通治道，何如？"⑥ 这种自上而下兴起的好学之风，亦成了"祖宗家法"，且"太宗、真宗其在藩邸，已有好学之名，作其即位，弥文日增。自时厥后，子孙相承，上之为人君者，无不典学；下之为人臣者，自宰相以至令录，无不擢科，海内文士彬彬辈出焉"⑦。及至仁宗时期，文治可谓达到了顶峰，范仲淹、包拯、梅饶臣、周敦颐、司马光、柳永、张载、沈括等均出于此时期，由欧阳修主考的嘉祐二年（1057 年）的科举考试更是拔擢了不少不世之才，流为一代佳话。而唐宋八大家中就有六位出自两宋之时。并且始自汉唐时期的御前讲经论史自两宋时期方称为

---

① 毕沅编著：《续资治通鉴》卷第七，中华书局，1957，第 167 页。

② 脱脱等：《宋史》卷四百三十九，中华书局，1985，第 12997 页。

③ 叶适：《叶适集》卷之十二，刘公纯、王孝鱼、李哲夫点校，中华书局，2010，第 789 页。

④ 脱脱等：《宋史》卷三百五，中华书局，1985，第 10091 页。

⑤ 脱脱等：《宋史》卷二百五十六，中华书局，1985，第 8940 页。

⑥ 脱脱等：《宋史》卷一，中华书局，1985，第 11 页。

⑦ 周祖撰主编：《宋史文苑传笺证 附辽史文学传笺证》卷一，凤凰出版社，2012，第 1 页。

"经筵"，不仅对经筵官和经筵讲论时间予以明确规定，而且帝王在侍讲者讲读之时"未尝令有讳避"①。此外，讲筵讲读制度不仅为赵宋王朝的统治者提供了精神给养，更是影响至元、明、清三朝。这种大兴文治的做法，使两宋时期摆脱了礼、法沦丧之局面，将忠与义镌刻在了帝王和百官的心中，为维护中央集权的统治奠定了思想根基，从思想意识层面维护了政权之稳定，因而终其两宋之世，兴文治之风未见改之，正如南宋末年梁椿选所说"惟我朝以儒立国，重道右文"②，文治之策不仅一改五代以来的血腥与杀戮，更是为人才的涌流提供了契机。

（二）弱化武将权力，调整兵将关系

囿于武将专权之教训，赵宋君臣对武将的忌惮可谓至深。比如北宋名将狄青，虽有不世之才，一路英勇杀敌，但自其担任枢密使一职后，便是激起千层之浪，引来欧阳修、文彦博等一干文臣的反对和弹劾，最终导致了狄青抑郁而亡之可悲结局。如果说狄青在未入枢府之前与欧阳修、文彦博等人并无过多交集的话，那么在其任枢密使之后便成了文臣的众矢之的。这主要是因为枢密使一职虽掌武事，但是自开国以来除曹彬以武将身份担任过以外，均以文臣任之，而狄青以武将身份再度任职枢密使，便是与国策不符。根据史书记载，狄青任职枢密使后，谣言颇多，欧阳修献策，请求罢免狄青，使其出领外任，因此狄青被罢免后"知陈州"③。虽然欧阳修表面上看是对狄青行保全之策，但实则也是将狄青逐出朝廷的幕后推手。

---

① 李焘：《续资治通鉴长编》卷一百四十七，上海师范大学古籍整理研究所、华东师范大学古籍整理研究所点校，中华书局，2004，第3567页。

② 曾枣庄、刘琳主编：《全宋文》第三百四十九册，上海辞书出版社、安徽教育出版社，2006，第50页。

③ 脱脱等：《宋史》卷三百一十九，中华书局，1985，第10379页。

此外，赵宋君主亦采用了更为智慧的御将手段，弱化武将权力，调整兵将关系。

其一，太祖赵匡胤本身就是一员武将，其以兵变而谋国，深知黄袍既可加于己身，亦可加于他人。由于北宋立国不久，太祖还不能有效地控制众多立有战功的将领的军权，对他们既有猜忌又有忌惮，但深知不可武力取之，故而采用经济赎买之策夺开国大将石守信等人之兵权，予以高官厚俸养之，用怀柔手段化夺权斗争于无形，避免了血雨腥风。

其二，节度使作为地方藩镇之中军权的掌控者，便是首要瞄准的对象。太祖、太宗二朝极尽各种方法和举措削权，最后完全剥夺了节度使的治事之权，迫使"藩镇拱手以趋约束"①。节度使完全丧失了对地方政事的把控之权，成了一种带有荣誉性的虚衔。

其三，限制武将的任用和铨选。一是用庸才、新将。拔擢御兵之人，对于御兵之人的选择，多以忠诚为评价标准，而非能力和才华，因而一些能将并不一定会获得重用，相反听皇帝话的庸将和无根基的新将更易于被掌控，反倒获得重用。二是武臣迁转远慢于文臣。"文臣正郎、员郎各止于三转，而武臣正使、副使必各九转。"②

其四，事先规定武将对外作战的策略。两宋将领作战，多按照皇帝所授阵图指示，而非根据战事实际情况发挥自身见解。由于太祖、太宗两位皇帝都是身经百战之人和武将出身，因而对于战争局势和实际作战情况都较为了解，所出阵图还有可依凭的价值，然而后世君主都无实际作战经验，身居皇宫之内，却要用阵图指挥领兵之将对抗外敌，导致诸将紧守阵图，无论战事缓急，皆互不相救，导致"屡败"③。虽然以死板教条的阵图

---

① 脱脱等：《宋史》卷四百三十六，中华书局，1985，第12933页。
② 王栐：《燕翼诒谋录》卷四，诚刚点校，中华书局，1981，第39页。
③ 李蘅：《兵镜类编》卷六，李维琦等点校，岳麓书社，2007，第112页。

对抗瞬息万变的战场有违军事规律，但是大大增强了皇帝对在外作战部队的控制，使得将在外，军令却仍可及。

其五，兵将互不知。自宋初至神宗时期，更成法存在了一百多年，部队之间频繁调动，禁军亦常常屯驻于外，将领无法在部队内部培植亲信力量，亦不可能形成能为自己所用的武装势力，由于常常更换驻扎之地，将领虽然对各地都有所了解，但又都无法深入探究，有效避免了形成割据的可能性。

总的来说，由于两宋重新界定了文、武二者之间的关系，文职官受到重用①。这种基于对武人专权带来的深刻教训所做出的决策和部署，使两宋未有武臣夺权之事的发生，亦可见重文轻武之成效。

二、防范与优遇并用

为保证官僚体制的运行更好地服务于强化中央集权这一主旨，势必要严格对职官的管理，但宋廷在实现对官员严密防范的同时，又给予官员优厚的待遇，形成防之甚严却待之极厚的治官模式。这种既矛盾又复杂的措施中蕴含着赵宋君主的驭官智慧。一方面防范百官，分割、上收官员事权，最终实现百官无权，中央集权；另一方面优遇百官，对于官员的优遇可谓历朝最厚，使官员安心为宋廷奉献终生。赵宋历朝君主手持防范与优遇二柄，并行不悖，发挥着巨大的威力。

（一）防范

两宋时期囿于立国背景之特殊性，对于最高统治者来说，真正需要管

---

① 史载："大臣，文士也；近侍之臣，文士也；钱谷之司，文士也；边防大帅，文士也；天下转运使，文士也；知州郡，文士也。虽有武臣，盖仅有也。"参见曾枣庄、刘琳主编《全宋文》第四十六册，上海辞书出版社、安徽教育出版社，2006，第378页。

理的并不是手无寸铁、颇显愚昧的百姓，而是拥有丰富知识储备、具体操控行政事务施行的职官，以及那些即将或正待加入官僚队伍的士大夫们。君主对职官最大的要求不是才智超群，而是约束自己。因此，如何将这些大大小小的职官群体管理得服帖，保持他们之间互相"和谐"与牵制，建立一个空前的政治权力防御工事，最大程度地保障权力再分配过程之中不越轨、不逾矩，才是赵宋每一任帝王的必修课。

1. 差遣制

宋代职官体系中，官只是作为政治待遇和俸禄发放的主要依凭，并不掌有实权；职亦是一种虚衔，比如龙图阁学士、观文殿学士等殿阁学士，作为一种荣誉的象征赋予一些高级官员。而差遣则为实职，掌握有实际的职权，并担负有具体的职任，这种官制设计打破了原有的官与职任统一的体系，使皇帝在任用官员方面更加灵活，亦更能有效地防止官员位高权重，擅用权力行为的发生，比如官至尚书之人可能会被任命知州差遣，以高官位而任轻职，更加有利于官员的管理。元丰改制后，虽然形成了寄禄官阶、职事官为主的官制体系，但是仍有差遣，可见差遣的实质并没有被彻底改变。

2. 官僚体系内部互相监督、制约机制的形成

（1）对中枢的防范

对中枢的防范主要体现在皇权与相权的博弈之中，由于身居宰辅之位的人地位特殊、位高权重，是两宋官僚集团内部的最高层，因而对于宰辅的防范更是严中有密。

其一，宰辅任期受君主掌控。根据"开府仪同三司至通议大夫以上无

磨勘法"① 之规定，宰辅并不受磨勘法的约束，根据统计数据显示，仅以北宋为例，诸如真宗时期的李迪任期只有 4 个月，仁宗时期的王随和陈尧佐任期只有 11 个月，神宗时期的富弼任期只有 8 个月，哲宗时期的韩缜任期亦为 11 个月，徽宗时期的张商英任期只有 10 个月，而到了钦宗时期，位居相位的张邦昌、吴敏、徐处仁、唐恪等的任期最长不过 5 个月，更相频繁至极，可谓一年之内连换 3 相。而在罢相的原因之中，自然罢任的是少数，多数是因受同僚弹劾、皇帝旨意或者有自身缘由的。② 整个北宋的任相情况呈现出逐渐缩短任期的趋势。从全局来看，太祖时期赵普可以独相任之，是因为国朝初定需要国家政策的平稳推进，并且赵普为太祖心腹，所以这种任命并没有牵扯太多的防范之意，更深一层来看，亦是源于太祖对于自身统治的一种自信，虽是国家初建，亦最是人心思定之时，吏治也相较于后期更为清明，任命的官员也大多对皇权的忠诚度比较高，所以体现在宰辅的任命上，任期也就相对更长一点。而随着国家逐渐走上正轨，帝王需要不断增加对臣下的掌控力而获得安全感，特别是政权走向没落之时，受吏治败坏等多方面因素的影响，官僚内部结构更趋复杂化和多样化，同时治国理政的总体方针已经大致形成，宰辅出谋划策的作用逐渐降低，听命执行的职能逐渐提升，这也为频繁更换宰辅之位提供了基础。

其二，罢职归班后，地位立降。宰辅在任职期间权力是非常大的，因而或多或少都会有自己的亲近之人，或是拔擢了值得信赖的官员，因此这些人自然就成了宰辅的羽翼。而如果这些身居宰辅之位的人罢职之后，仍然享有至高权力，难免会成为结交朋党、危害政权的因素，因而待宰辅罢

---

① 李焘：《续资治通鉴长编》卷三百八，上海师范大学古籍整理研究所、华东师范大学古籍整理研究所点校，中华书局，2004，第 7483 页。

② 参见王瑞《北宋官员任期制度研究——以宰相与知州、知府为重点》，硕士学位论文，河北大学，2010，第 10—16 页。

职后"则与庶位等"①。这种以宰辅之职罢任后却获得相对降低差遣的情形虽然自徽宗崇宁之后有所转变，但向我们揭示了君主对于宰辅的防范可谓至深这一实质。

（2）重内轻外：以中央职官外任知州、知县

两宋官制中的一大特色就是重内轻外，即格外重视在中央任职的官员，并愿意将他们派领外任地方差遣，而对于地方本土培养的官员却很少愿意提拔并委以重任的。这是因为，地方职官远离皇权控制中心，在"天高皇帝远"的地理优势下很容易变成一方"土皇帝"，培植自己的势力范围。因此，一旦放任或者给予他们有效的政治生存土壤，这些职官就很容易孕育出威胁政权统治的地方势力。相反，在中央任职的官员受皇帝教导颇多，受中央的控制力强，对地方而言属于"空降兵"，很难在地方形成自己的势力范围，并且由于这些中央职官往往都是带着皇帝的意旨而工作的，因此派他们出任知州、知县，更容易加强中央对地方的控制能力。此外，纵使这些中央职官外派地方，也是"权知"为官，意为暂代，权既不久，则更不可能形成与中央对抗的势力，达到防范之意。

（3）路级建制的政治枢纽功能

在广袤的领土之上，中央朝廷确实无法实现对千百数量州县和成千上万职官的直接管理与控制，因此两宋以路为政治枢纽沟通中央与地方，将中央权力分寄于路，由路代替中央管控地方。此外，又在路上设互相平级的各类监司，掌管一路军政事务，负责管理治下官员，对中央负责。而监司之间互不统摄，在行使职权上各有分工，既保证了中央对地方管理的延伸，又防范了地方割据的出现。历史经验表明，中央对方镇、路级、行省等行政建制的实际控制情况，足以影响甚至改变集权中央或分权地方的权

---

① 洪迈：《容斋随笔》，孔凡礼点校，中华书局，2005，第357页。

力属性。两宋路级建置的设计就有利于集权中央之策的推进。

（4）知州、通判并置

一州的最高行政长官本为知州，最初在由武人担任知州的地区设通判一职，用以监督武将，之后通判遍布全国，成为定制。通判是集行政与监察权为一体的"佐吏"，不仅束缚了知州在施政过程之中的手脚，而且还可对知州行监察之权。此外，知州亦可对通判的不法行为进行弹劾。知州、通判并置，加强了对地方官员横向监察的力度，是对职官控制的一种突出表现。

层层防范的网络构建，使得无官不在被防范的范围之内，无官不可以行监察之权，官官都是"监察官"，官官又都是被监察的对象，这种细密的监察和防范网络的形成使官员的任何行为都尽收于君主眼中，任何官员不敢亦不能逾越皇权而行不轨之事，从而达到了帝王维护统治之目的。

赵宋王朝通过对官员严密的防范，构建了一道内部坚实的壁垒，形成了权力的制约与制衡机制，只要君主牢牢掌握对整个官僚体系的严密统治权，那么这套治国理政的运行体制就可以顺利运作，官员作为帝王驭民之工具，就能够发挥最大的功用，从而达到通过控制百官以控制万民、控制百官中的部分群体以控制整个官僚体系的目的。这种驭官智慧正是赵宋王朝最终免于从内而亡的重要原因之一。

3. 对职官任期的调整

关于两宋时期官员的任期问题，并不一概而论，北宋前期，官员任期相对符合三年一任的规定，但是随着官冗问题的日益凸显，官员任期从三年到两年，甚至三十个月等，有时甚至不满三十个月，总体而言，官员任期呈现出逐渐缩短的总体特征，这种不久于任的现象一方面受官冗员阙的固有矛盾的影响，但另一方面亦是赵宋王朝的统治者对官员防范的重要举措。就地方官员而言，由于官员任期较短，常常"席不暇暖"①，有效降低了在地方形成朋党割据势力的可能性；就中央官员而言，因为不久任，亦减少了出现权臣的可能性，尤其是宰执之人，权力之大可谓只在一人之下，而频繁更换，可以有效避免这些位居宰辅之人过多地发挥自己的观点，更易于听命于皇帝，从而更好地贯彻落实祖宗家法，当然此中亦有例外，比如独相蔡京和秦桧，以及太祖时期的赵普等。但需要区别对待的是，太祖时期任命赵普为独相，是为了在国初稳定国事，而蔡京和秦桧则不同，是徽宗和高宗二帝的姑息养奸之举。但是这些只是历史演进过程之中的小插曲和个别案例，并未构成总体趋势。

唐末五代以来，正是由于地方长吏长期任职于一方，有利于培养自身势力，从而为地方割据的形成提供了基础，因而地方官员虽远离帝王，但他们是拱卫京师的屏障和教化百姓的父母官，对于地方官员的防范历来亦是统治者的重点之一。总体来看，由于地方官员受磨勘法的影响，其关升和叙迁大多有资历要求，而官冗的愈演愈烈更是成了地方官员任期短的直接原因，但是根本原因仍是来自统治阶级对地方官员的防范。根据《开封府题名记》碑中所刻，北宋从太祖建隆元年（960 年）至徽宗崇宁四年（1105 年）共计 145 年内，开封府长官的姓名共计 183 个，平均下来开封府知府一年之中都要有所替罢，可见任期之短。再以太原为例，根据赵乐在其文章《北宋太原知府的选任》中统计，从太宗太平兴国四年（979 年）至钦宗靖康元年（1126 年），共计 147 年内，太原府的长吏一共有近一百任，平均下来一任的任期至多一年多而已，任期之短可以想见。② 而在苏轼通判杭州期间，"十一月到杭，时杭守沈遘。遘去，陈襄代；襄去，杨绘代。

---

① 周城：《宋东京考》卷之四，单远慕点校，中华书局，1988，第 67 页。
② 赵乐：《北宋太原知府的选任》，《史志学刊》2014 年第 1 期。

终先生任更三守"①。也就是说，苏轼一任经历了知府三人，这种频繁更易一州主政之官的情况跃然于世人面前。

总的来说，虽然受官冗等诸多客观因素的影响，两宋时期的官员任期总体呈现出较短的特征，但是就帝王主观而言，这种任期之短可以起到防范官员的效果。长期来看，官员任期短的弊端是非常多的，正如文彦博所言："臣以中外任官移替频速，在任不久，有如驿舍。无由集事，何以致治？"② 但是官员任期短就无法培养和根植自身势力，从而达到防范之效。

(二) 优遇

两宋对于官员的防范可谓甚严，但是在这种高压防控之下却给予百官甚厚的优遇，可谓是"恩逮于百官者惟恐其不足"③，这种对官员所形成的前所未有的优遇之策，是百官安心为王朝卖命的缘由之一。由于两宋时期以科举入朝为官之人大多是平民阶层，且很多"起自孤生"④，这些人没有雄厚的家族根基，因而为官后能够获得哪些利益，能够为自己身后的家族带来哪些荣耀，是他们考虑的重中之重，或许其中确有舍己忘利之人，但相较于整个庞大的官僚体系而言，必然是少之又少的存在，因而如何以利益诱之，使这些官员既心甘情愿受制于严密的防范，又能够恪尽职守，是君主需要兼而顾之的因素。

1. 政治优遇

两宋是中国古代社会的重要转型期，官僚制度得到了更进一步的发展，士大夫正式走向了政治舞台的中央，拥有了更多的话语权。

---

① 苏轼著，李之亮笺注：《苏轼文集编年笺注》附录一一《苏轼传记资料·东坡先生年谱（上）》，巴蜀书社，2011，第636页。
② 文彦博著，申利校注：《文彦博集校注》卷二九《奏议·奏中外官久任事》，中华书局，2016，第796页。
③ 赵翼：《廿二史札记校证》卷二十五，王树民校证，中华书局，2013，第534页。
④ 苏轼：《苏轼文集》卷一一，孔凡礼点校，中华书局，1986，第2435页。

（1）"与士大夫治天下"①

隋唐科举制实行后，打破了门第对入仕的垄断，但要论士大夫们的黄金时代，还要属两宋。在这一时期，士大夫真正成了行政活动的主体，带有更多的能动性和自觉性。这些饱读诗书的知识分子开始从幕后走向台前，用毕生所学匡扶社稷，指点江山。随着科举制度民主性、开放性的逐渐增强，士大夫们得以从寒门中脱颖而出，这些受君主之恩，身为天子门生的寒门士子既没有牢固的靠山，亦没有强大的经济基础，天然缺失了谋权篡政的野心，而官僚体制的种种限制性、防范性举措也没有为这种野心提供客观产生的条件，因此依附于皇权就是他们最明智的选择，因而两宋的士大夫由内而外地产生了一种以国家为己任的高度责任感和历史使命感，以及对国家的认同感，而治乱兴衰是士大夫们最为关切的问题。对于士大夫而言，国家的昌盛与否和走向问题直接决定着他们的荣辱兴衰，这些士大夫们自当倾尽全身之力，助君王统治以一臂之力。对于帝王来说，士大夫们的这种积极主动为国效力的思想和举动也正是他们求之不得的，君主与士大夫之间形成了一种相互依赖的关系。具体而言，由于唐末五代以来的武臣悍将颠覆政权的例子不胜枚举，北宋开国之祖赵匡胤亦是武将夺权，故而对于武臣的防范是两宋君主的本能，而治理国家全凭帝王一己之力又是万万无法完成的，因而手无缚鸡之力的读书人便是首选和最优项。从仁宗皇帝在权柄自揽抑或和外朝共议的选择与清醒认识中，即可窥得两宋君主对共治的理性考量。在仁宗看来，若权出于己，若所施无错，则为国之幸，然而若行差就错，则为国之患。不若取之公议之。若在施行的过程中有所不便，可令台谏官监察所失，"改之为易"②。此外，这种对

① 李焘：《续资治通鉴长编》卷二百二十一，上海师范大学古籍整理研究所、华东师范大学古籍整理研究所点校，中华书局，2004，第5370页。
② 陈亮：《陈亮集》卷之二，邓广铭点校，中华书局，1987，第28页。

于士大夫的格外宽和恰恰是来源于君主的自信，认为这些以笔杆子为生命的士大夫更易于被掌控，而这种居高临下的傲然之感进一步促成了士大夫当政的历史必然。当然，还应看到的是，这种帝、士共治局面的出现，主要还是因为二者在思想认同上的高度同一性，而这种同一性决定了帝王与士大夫能够在国家治理的根本问题上达成一致，不出偏差。

首先，帝王祖宗家法与百官家门之法的主导思想具有同一性。其一，帝王延续国运与士大夫保守门户的内在一致。赵宋君主世代相袭和遵循的便是祖宗家法，这一套祖宗家法不仅包括于外的治国方略，亦包括于内的治内廷之法，世代嗣守祖宗家法的做法最重要的目的便是维护祖宗基业，延续千代、万代。而百官的家门之法亦是如此，两宋的宗族相较于前朝得到了进一步发展，宗族之外有国法，宗族之内有家法、族规，百官治家的情况如何亦关系到家族延续的情况，由于两宋时期的士族门阀制度彻底衰落，依靠世袭制延续权力和荣耀的方式不复存在，一个家族的兴盛与衰败全部要依靠于族人的努力，因而对于家法族规的遵守是士大夫们保守门户的关键。在这一层面上，帝王嗣守祖宗家法和百官遵守家门之法并列齐观。同时，帝王也对臣僚的家门之法异常关注，因为在中国古代的家国同构体中，国是大家，由千万小家组成，只有臣僚治家有方，家门之法得以贯彻，那么整个国家的社会风气才能风清气正。在帝王心中，治家之法与治国之法之内核在一定程度上是趋同的，而且从臣僚的治家之法中亦可看出官员的品德修养，因而作为君主对于臣僚治家之法的看重和关切亦在情理之中。其二，以礼主导、贯彻等级制的共同之愿。在家族内部，父子、兄弟之间等级分明，尊卑有别，下不可逆上，上可责下，这是受儒家思想浸润的士大夫们强烈认同的礼制等级观。当这种由内而生的认同外化于外时，则表现为最受君主推崇的君臣观，君臣上下等级有别，尊卑有序，臣应忠君、爱君、护君，泾渭分明的等级观念有利于士大夫对皇权的拱卫。

其次，帝、士对法制的推崇具有同一性。两宋时期对于法的运用可谓细密至极，这种以健全法制来规范和制约百官臣僚以及黎民百姓的方法不仅可以保证国家的长治久安和平稳运行，更体现着"防弊"之需。站在君主的角度来看，制定细密之法"所以防大臣之专恣，革小人之侥幸也"①，使臣僚以及百姓"摇手举足，辄有法禁"②。站在士大夫的角度来说，推崇法制，使"一事之小，一罪之微，皆先有法以待之"③，凡事恪守条贯，无侥幸之人的同时亦为政治环境的公平创造了条件，而这正符合士大夫们通过仕途谋取个人正当利益之目的。当然我们不能完全将个人谋取利益的行为当作人之劣根性的体现，那样就太狭隘了，只要个人利益是正当的，且与国家利益不相违背，那么实现个人正当利益亦是社会发展的需要。

再次，帝、士对心腹之患和外乱的认同具有同一性。两宋对于唐末、五代之乱的教训总结可谓深刻，不少有识之士从中得出外患乃手足之患，而内乱则为心腹之患的治国论调，当然这种观点的得出正暗合了君主对治国的核心主张。因而，两宋在此后的治国理政之中无论是颁布之策或是实施之略，都以心腹之患为政事治理的中心。

最后，对社会政治理想的构画具有同一性。"王者无外"④ 与"六合同风"⑤ 不仅仅是帝王的希冀，更是士大夫们参与政权后所规划的蓝图，是官僚阶层所追求并渴望实现的社会政治理想。无论是帝王还是官僚阶层，共同追求的无外乎是由礼教文化为背景所形成的中央集权。正基于此，帝

---

① 李焘：《续资治通鉴长编》卷三百七十，上海师范大学古籍整理研究所、华东师范大学古籍整理研究所点校，中华书局，2004，第8965页。

② 叶适：《叶适集》卷之十二，刘公纯、王孝鱼、李哲夫点校，中华书局，2010，第789页。

③ 叶适：《叶适集》卷之十，刘公纯、王孝鱼、李哲夫点校，中华书局，2010，第767页。

④ 阮元校刻：《十三经注疏（清嘉庆刊本）》，中华书局，2009，第4829页。

⑤ 班固：《汉书》卷六十四下，中华书局，1962，第2816页。

王和官僚士大夫对社会政治理想的内在要求，具有认同上的同一性，这也为帝、士共治提供了思想基础。

总的来说，正因为帝与士在根本问题上的高度同一性，帝、士共治的局面出现成了可能，所谓道同方相为谋，两宋君主因与士大夫在治国理政核心精神方面的高度契合选择走到了一起，将国家治理"付之书生"①。士大夫这一群体的治事才能确实在两宋得到了非常好的发挥和施展，他们以高度的热情参与国家治理的方方面面，以文化自信心和自豪感以及强烈的国家认同感为两宋的延续略尽绵薄之力，挥就了文化繁荣的美丽画卷。而也正是激发了士大夫们的国家认同感和荣誉感，才使得面临外敌之时有文天祥的大义凛然、慷慨赴死，忠君之臣前赴后继，彰显着一个时代的士风和士气，这种精、气、神贯通着两宋三百余年的统治。

需要注意的是，这种共治体制的出现不可能实现真正意义上的共同治理，士大夫参与政权的方式依然受到皇权的操控和限制，不可能实现真正、完全的共治。比如太祖朝时，士大夫的影响甚为有限，太祖皇帝施行的很多政策，也没有很多士大夫的言论能够"牵制他"②。随着政治开放性的逐渐加强，士大夫对政权的参与度也有所提升，比如真宗时期，欲立刘氏为贵妃，李沆引烛焚诏，又因真宗欲以驸马石保吉为使相，李沆亦认为不可。③ 这种对皇帝诏令的反对，体现了士大夫以天下为己任而行劝谏之责，更反映了士大夫对于皇权行使的限制作用。

（2）提升政治礼遇：皇帝优礼

来自最高统治者的礼遇和重视，使得以士大夫为主要群体的官僚体系

---

① 曾枣庄、刘琳主编：《全宋文》第二百六十七册，上海辞书出版社、安徽教育出版社，2006，第181页。

② 黎靖德编：《朱子语类》卷第一百二十七，王星贤点校，中华书局，1986，第3043页。

③ 参见脱脱等《宋史》卷二百八十二，中华书局，1985，第9538页。

获得了至高荣耀，政治地位得以进一步提升。

其一，思想层面的重视："宰相须用读书人"①。比如由于"寡学术"②，赵普常常被太祖劝导多读书，宰相作为百官之首尚需要以儒学浸润，更何况其他职官呢？这种来自最高统治者的推崇和提倡，是儒臣士大夫受到重用的前提和基础。不仅如此，作为君主，他们更是重视对皇子的儒学教育，鼓励皇子从小树立儒学观，加强皇族宗室的儒学教育和培养，比如大中祥符九年（1016 年），专设皇子读书之所，名为"资善堂"③。又如自太宗朝开始设经筵讲读，真宗时期设置经筵官，乾兴末年开始以双日开经筵，而及至仁宗朝则每日设经筵，并相沿未废。并且仁宗皇帝在经筵讲读之中保持着豁达和开放的胸怀，虚怀纳谏，借古晓今。通过这种对帝王思想领域的渗透，历任执政者更加亲近于儒学，而正是这种亲近感使得文臣士大夫有了大可作为的政治空间。

其二，实践层面的践行："迎送降阶及门"④。君王对身为帝师的臣子是非常重视的，而这种重视更是表现出了对文臣士大夫极大的敬意。上行下效，正是这种来自帝王的重视使得朝廷内部甚至整个社会都不敢对士大夫有所轻视，而在制定具体举措层面才会表现出足够的礼遇。通过这种在实践层面对文臣士大夫礼遇的践行，来自最高统治者的礼遇并没有仅仅停留在口头，而是扎扎实实地落实在了行动之中，从而形成了一股自上而下的礼遇之风。

---

① 毕沅编著：《续资治通鉴》卷第四，"标点续资治通鉴小组"校点，中华书局，1957，第 98 页。

② 毕沅编著：《续资治通鉴》卷第四，"标点续资治通鉴小组"校点，中华书局，1957，第 98 页。

③ 脱脱等：《宋史》卷八，中华书局，1985，第 159 页。

④ 脱脱等：《宋史》卷六，中华书局，1985，第 104 页。

（3）提升职官致仕后的政治待遇

两宋时期对于官员的政治优遇不仅体现在任官期间，致仕后所享有的政治优遇并没有被完全剥夺。这种制度设计既保证了官员在任期间的干事积极性，又稳定了臣心，使其安心于本职，只要仕宦生涯中无所负犯，那么致仕之后的政治权益就会得到相应的保障，这种保障亦不是"画饼充饥"，而是可以实实在在解决官员需求，延续每一个官员身后所代表的整个家族利益的，因而对官员的诱惑是非常大的。比如荫补中的重要一途——致仕荫补，便是保证了职官致仕后仍可以家族子弟荫补入仕的方式延续政治荣光，这些职官子弟自然比平民寒士有了更多的入仕机会和选择，不用仅依靠科举这一根独木之桥。而叙封、回授以及封赠制度，致仕后升转官资制度，等等，更是最大程度地保全了致仕职官的政治权益。

这种从各个环节保障官员政治待遇并最大程度地做到使官员致仕后仍可以保全和有限度地延续家族利益的设计，使两宋官员政治待遇得到了空前的提高。由于两宋时期的官员构成已经不再是世家大族子弟或是高门显贵的后裔，而是更多来自普通地主阶级或是平民甚至穷苦出身的寒门子弟，这些人为官之后，唯有以利诱之，方可保以万全。

总的来说，在政治上的优遇使士大夫们以昂首阔步之姿开始傲然立于舞台的中央，凭借一腔热血和满腹才华指点江山，作为官僚体系的主要组成部分，这些文臣士大夫以激扬文字挥洒于两宋的国土之上，为整个官僚制度的发展谱下了举足轻重的华章。当然这种来自政治层面的优遇，也决定了接下来针对职官群体的法律规定的制定的大方向，正是由于政治地位的提升，才有了各方面待遇的相继提高，而这种内在关联性亦是值得我们注意的地方。

2. 法制优遇

对于官员的法制优遇主要体现在两个方面：一是法律特权，二是处罚宽贷。虽然两宋时期尤重法制发展，以法密而见诸各朝，但是依然没有从根本上削弱特权阶层对法律的干扰。从总体上来看，给予官僚体系内部法律上的特权，就是一种以权力对法律支配的体现。当然这种用以维护特权阶层的职官法，更多地体现了一种统治阶层的特权分配，渗透着权力的等级和划分，反过来看，职官法的表现内容亦是更多反映了对这种等级以及权力划分的维护和遵从。

此外，对比由唐至宋、由北宋至南宋的有关职官的处罚规定还可以发现，在职官法愈加严密的情况之下，对职官的违法违纪处罚的规定却越来越宽贷，而如果具体到实际执行层面，就更显宽贷了，这就大大降低了职官的负犯成本。同时，还应看到，由于考课愈加呈现的形式化倾向，以及磨勘和历纸制度的推行，职官无论贤愚，只要无大错，即可获得升迁，这就进一步模糊了赏与罚的界限。

总的来说，两宋形成了"臣下有罪，止于罢斥"[①] 的宽仁之法，但在他们内部亦有等级划分而带来的特权分配的不同。

3. 经济优遇

两宋是中国历史上商品经济发展的黄金期，甚至商税和专卖一度超过了农业的收入[②]，这些经济上的良好势头为职官法的制定提供了经济基础。早在北宋之初，太祖就已经萌生了通过经济赎买的方式收复燕云失地的想法，而"杯酒释兵权"更是很好地践行了以经济方式平息政治风波的实例。因此，无论是对外戚、宗室以厚俸之优，还是给文武臣僚以高俸之诱，均是希望通过经济手段化解统治集团内部矛盾。和平是发展一切的前提，只有具备稳定和平的内部环境，才能图发展，赵宋君主深谙此理，孜孜不倦地通过经济方式解决政治、军事问题，也确实达到了很好的效果。

---

① 李焘：《续资治通鉴长编》卷四百八十，上海师范大学古籍整理研究所、华东师范大学古籍整理研究所点校，中华书局，2004，第11416页。

② 参见汪圣铎《两宋财政史》（下册），中华书局，1995，第688—694页。

两宋职官的俸禄是经济优遇最集中的体现。在俸禄的构成中，不仅有正俸，还有加俸、职田等，不仅给予官员自身以俸钱，更是含有随从份例。在整个官俸的构成中，还包括有薪炭、厨料、茶酒等。此外，还设有公用钱以备官员用以开展公务使用。但是，这种俸禄设计是根据官员官阶的高低而定的，最高者与最低者有时相差甚至达到几十倍之多，可见所谓的厚俸亦是有等级限定的，经济优遇也是"看人下菜碟"。

第二节　由唐至宋，职官法内容的发展及原因

一、由唐至宋，职官法内容的发展

对比唐、宋二朝，《宋刑统》在"职制律"中新增入的法律条文之外，在"户婚律"等中还有许多新增的职官法内容，详见表1。

表1　《唐律疏议·职制》与《宋刑统·职制律》对比

《唐律疏议》中的法律规定[①]	《宋刑统》中新增入的法律规定[②]
诸贡举非其人及应贡举而不贡举者，一人徒一年，二人加一等，罪止徒三年。（非其人，谓德行乖僻，不如举状者。若试不及第，减二等。率五分得三分及第者，不坐。）若考校、课试而不以实及选官乖于举状，以故不称职者，减一等。（负殿应附而不附及不应附而附，致考有升降者，罪亦同。）失者，各减三等。（余条失者准此。）承言不觉，又减一等；知而听行，与同罪	【准】考课令，诸州县官人抚育有方，户口增益者，各准见在户为十分论，加一分，刺史、县令各进考一等，每加一分进一等。其州户不满五千，县户不满五百，各准五千、五百法为分。若抚养乖方，户口减损者，各准增户法亦减一分降一等，每减一分降一等。其有劝课田农，能使丰殖者，亦准增户法见地为十分论，加二分各进考一等，每加二分进一等。其有不加劝课以致减损，一分降考一等，每损一分降一等。若数处有功，并应进考者，亦听累加

① 刘俊文：《唐律疏议笺解》，中华书局，1996。
② 窦仪等：《宋刑统》，吴翊如点校，中华书局，1984。

续表1

《唐律疏议》中的法律规定	《宋刑统》中新增入的法律规定
诸玄象器物、天文、图书、谶书、兵书、七曜历、太一、雷公式，私家不得有，违者徒二年。（私习天文者亦同。）其纬、候及论语谶，不在禁限	【准】周广顺三年九月五日敕节文，今后所有玄象器物、天文图书、谶书、七曜历、太一雷公式，私家不得有及衷私传习，如有者并须焚毁。其司天监、翰林院人员并不得将前件图书等，于外边令人看览。其诸阴阳卜筮、占算之书不在禁限。所有每年历日，候朝廷颁行后，方许私雕印传写，所司不得预前流布于外，违者并准法科罪
诸制书有误，不即奏闻辄改定者，杖八十；官文书误，不请官司而改定者，笞四十。知误不奏请而行者，亦如之。辄饰文者，各加二等	【准】公式令，诸制敕宣行，文字脱误，于事理无改动者，勘验本案分明可知，即改从正，不须覆奏。其官文书脱误者，咨长官改正
诸上书若奏事误犯宗庙讳者，杖八十；口误及余文书误犯者，笞五十。即为名字触犯者，徒三年。若嫌名及二名偏犯者不坐。（嫌名，谓若禹与雨、丘与区。二名，谓言征不言在，言在不言征之类）	【准】公式令，诸写经史群书及撰录旧事，其文有犯国讳者，皆为字不成
诸监临主司受财而枉法者，一尺杖一百，一匹加一等，十五匹绞；不枉法者，一尺杖九十，二匹加一等，三十匹加役流。无禄者各减一等，枉法者二十匹绞，不枉法者四十匹加役流	【准】唐天宝元年二月二十日敕节文，官吏应犯枉法赃十五匹合绞者，自今以后，特宜加至二十匹，仍即编诸格律
	【准】唐长兴四年六月十四日敕节文，起今后赃名条内有以准加减及同字者，并倍赃累赃，并宜准律令格式处分
	【准】唐应顺元年三月二十日敕节文，刺史、县令、丞尉得替，自今后如是见任官将已分钱物资送得替人，即请勿论。其或率敛吏民，以受所监临财物论，加一等。如以威刑率敛，以枉法论。其去任受财人请减二等
	【准】周显德五年七月七日敕条，今后无禄人犯枉法赃者，特加至二十五匹绞
	【准】周显德五年七月七日敕条，不枉法赃今后过五十匹者，奏取敕裁

续表1

《唐律疏议》中的法律规定	《宋刑统》中新增入的法律规定
诸监临主司受财而枉法者，一尺杖一百，一匹加一等，十五匹绞；不枉法者，一尺杖九十，二匹加一等，三十匹加役流。无禄者各减一等，枉法者二十匹绞，不枉法者四十匹加役流	臣等参详，今后应缘检括田苗、差役、定税、送帐过簿、了末税租、团保捉贼、供造僧帐，因以上公事率敛人钱物入己，无所枉曲者，诸以不枉法论，过五十匹者奏取敕裁。若不入己，转将行用，减二等，过一百匹者奏取敕裁。若率敛财物有所枉曲，及强率敛人钱物入己者，并以枉法论
诸监临之官受所监临财物者，一尺笞四十，一匹加一等；八匹徒一年，八匹加一等，五十匹流二千里。与者减五等，罪止杖一百。乞取者，加一等；强乞取者，准枉法论	【准】周显德五年七月七日敕条，起今后受所监临赃及乞取赃过一百匹者，奏取敕裁
诸因官挟势及豪强之人乞索者，坐赃论减一等；将送者，为从坐。（亲故相与者，勿论）	【准】刑部格敕，诸州解代官人及官人亲识并游客，并不得于所在官司及百姓闲乞取，若官人处分及率敛与者，并同自乞取法。其诸王公以及百官家人，所在官人不得令供给，其强索供给者，先决杖三十
	【准】周显德四年二月六日敕节文，诸处颇有闲人、游客，干投县镇乞索，或执持州府职员书题，干求财帛，县镇承意分配，节级所由，其所由节级，又须转于人户处乞觅，颇是烦扰者，宜令今后止绝。如有此辈，并许诸色人论告，勘当不虚，其发书题人并县镇官吏并游索人等，并当重断

二、由唐至宋，职官法内容发展的原因

其一，进一步严管公罪。将《唐律疏议》卷第二《名例·无官犯罪》所载条文"卑官犯罪，迁官事发；在官犯罪，去官事发；或事发去官：犯

公罪流以下各勿论，余罪论如律"①，与《宋刑统》卷第二《名例律·犯罪事发》所载条文"【准】唐会昌五年正月三日制节文，据律已去任者公罪流以下勿论。公罪之条，情有轻重，苟涉欺诈，岂得勿论。向后公罪有情状难恕，并不在勿论之限"② 进行对比可知，唐律中的"勿论"范围是非常宽泛的，而《宋刑统》则在此基础上对"勿论"的范围加以限制，视情节严重情况和有无欺诈的犯罪行为之具体细节和主观恶性加以判断是否应属"勿论"。将距离北宋立国之初已有百年的条文重新梳理出来，体现了立法者严管公罪的决心，也表明原有移植过来的唐律已经不适应社会发展的需要。北宋甫及建立，百废待兴，官员是君主治国理政的重要依凭和工具，公罪的处罚力度本来就轻于私罪，倘若再将公罪的"勿论"范围放大，那么就很难有效地起到肃清吏治的功用，不利于初建政权的稳固。从严管控公罪，主观来看，是君主的必然选择，客观上亦体现了立法的更趋严谨性。

其二，重职事官、轻虚衔的赎刑调整。对勋官和散试官享有赎刑的调整，是唐、宋对赎刑规定的最大区别。如，在《宋刑统》中规定："【准】格，勋官、散试官不许赎罪。"③ 其中勋为"无职事而赏勤劳之秩"④，而散试官亦是一种虚衔，可见至北宋立国后，虚衔已经逐渐退出了享有赎刑特权的范围之内了。而这种限制主要是由两个原因造成的：一官僚集团内部构成的变化。由唐至宋，虽是从李家执政变为赵氏登台，但这种朝代更迭的背后蕴含的是庶族力量的崛起，平民政治力量崛起，官僚集团的构成发生了巨大的变化，许多贫寒之士通过科举之路登上了政治的舞台，因而

---

① 刘俊文笺解：《唐律疏议笺解》，中华书局，1996，第 174 页。
② 窦仪等：《宋刑统》，吴翊如点校，中华书局，1984，第 26 页。
③ 窦仪等：《宋刑统》，吴翊如点校，中华书局，1984，第 29 页。
④ 龚延明编著：《宋代官制辞典》，中华书局，1997，第 605 页。

对勋、散官赎刑特权的限制，更是代表着一种官僚政治的强化。二是官制的变化。自五代以来，散官由于是虚衔，相较于有实际职任的官员来说并不受重视，如史载："今后凡是散官，不计高低，若犯罪不得当赎，亦不得上请详定院覆奏。"① 受北宋立国后官与差遣相分离之制的影响，差遣才是官员的实际职任，这也是终宋之世重职事而轻虚衔的原因。南宋时期，更是剥夺了爵及勋官的赎刑权利，例如《庆元条法事类》卷第七十六《当赎门·总法》中规定："诸爵及勋官不在议、请、减、赎、当、免之例。"② 这标志着整个职官法的成熟。

其三，进一步收地方幕职官的管理权归于中央。在藩镇割据时期，地方幕职官基本上归节度使管理，中央朝廷对这些官员的控制力是非常弱的，至北宋，该新列入的法律条文选取了后周的规定："【准】周显德五年七月七日敕条，今后定罪，诸道行军司马、节度副使、副留守欲准从五品官例，诸道两使判官、防团副使欲准从六品例，诸道节度掌书记、支使防团判官、两蕃营田等使判官准从七品例，诸道推巡及军事判官准从八品官例，诸军将校内诸司使、使副、供奉、殿直官临时奏听敕旨。"③ 将地方幕职官的处罚比照五品、六品、七品、八品官员的处罚规定施行，进一步规范了幕职官员的管理，加强了中央对地方幕职官的控制力，亦为将幕职官归入地方行政序列中提前做好了法律准备。

其四，在《宋刑统》中有不少新列入的法律条文中书有"奏取敕裁"。如《宋刑统》中新增入的规定："臣等参详，今后应缘检括田苗、差役、定税、送帐过簿、了末税租、团保捉贼、供造僧帐，因以上公事率敛人钱

---

① 薛居正等：《旧五代史》卷一百四十七，中华书局，1976，第1974页。
② 谢深甫等修：《庆元条法事类》，戴建国点校，载杨一凡、田涛主编《中国珍稀法律典籍续编》第一册，黑龙江人民出版社，2002，第811页。
③ 窦仪等：《宋刑统》，吴翊如点校，中华书局，1984，第30页。

物入己，无所枉曲者，诸以不枉法论，过五十匹者奏取敕裁。若不入己，转将行用，减二等，过一百匹者奏取敕裁。若率敛财物有所枉曲，及强率敛人钱物入己者，并以枉法论。"① 进一步将因公事而不枉法的情况分为"入己"和"不入己"两种情形分开讨论，但最后决定权均归入"奏取敕裁"，立法更加细化，且所列的公事范围多属于田地、税赋、捉贼等，是北宋立国初期地方官员履行政务的重点，而在这部分行政事务中，入己五十匹以上、不入己一百匹以上的违法行为，归于皇帝最终定夺，是君主加强对司法权控制的表现。再如《宋刑统》卷第十一《职制律·受所监临赃》中新增入的规定："【准】周显德五年七月七日敕条，起今后受所监临赃及乞取赃过一百匹者，奏取敕裁。"② 这是在沿袭《唐律疏议》中对监临官收受所监临者财物的犯罪行为的法律规定基础之上，规定如果收受财物超过一百匹的话亦应"奏取敕裁"。上述两则法律条文都是在违法行为超过法律的规定限度的情况下，将最终裁定权交给了皇上，进一步显示了皇权对司法权的参与和控制，也就是说，对于极为恶劣的贪赃行为，法律是起不到监督的作用的，而是由皇帝最终裁决，但是往往很多赃吏会由于帝王矜贷而免于死刑，这就大大降低了违法成本，皇权对法律造成了破坏。

其五，严惩赃吏与宽罚之间的矛盾。

首先是严惩赃吏。"宋以忠厚开国，……独于治赃吏最严。"③ 由于太祖深谙赃吏之害，故而立国之初就以严惩赃吏而著称。《宋刑统》继承了《唐律疏议》对赃吏的处罚规定，在六赃（"受财枉法、不枉法、受所监临、强盗、窃盗并坐赃"④）之中，《宋刑统》基本承袭了受财枉法赃、不

---

① 窦仪等：《宋刑统》，吴翊如点校，中华书局，1984，第177—178页。
② 窦仪等：《宋刑统》，吴翊如点校，中华书局，1984，第179页。
③ 赵翼：《廿二史札记校证》卷二十四，王树民校证，中华书局，2013，第525页。
④ 刘俊文笺解：《唐律疏议笺解》，中华书局，1996，第1775页。

枉法赃以及受所监临赃和坐赃的规定。由于《唐律疏议》中对官员计赃定罪的法律规定堪称历代之经典，亦彰显了唐朝对反腐的决心和力度，因而《宋刑统》的沿袭亦是表明了对赃吏严惩的决心。此外，在《宋刑统》卷第十一《职制律·受所监临赃》中规定：

【准】刑部格敕，诸州解代官人及官人亲识并游客，并不得于所在官司及百姓间乞取，若官人处分及率敛与者，并同自乞取法。其诸王公以及百官家人，所在官人不得令供给，其强索供给者，先决杖三十。

【准】周显德四年二月六日敕节文，诸处颇有闲人、游客，干投县镇乞索，或执持州府职员书题，干求财帛，县镇承意分配，节级所由，其所由节级，又须转于人户处乞觅，颇是烦扰者，宜令今后止绝。如有此辈，并许诸色人论告，勘当不虚，其发书题人并县镇官吏并游索人等，并当重断。①

进一步发展了《唐律疏议》的法律规定，也就是说，不仅对官员自身的行为予以法律限制，官员的亲属、下僚等亦不得利用官员的职权进行牟利犯罪行为，这一法律规定与现今刑法中所列三百八十八条中规定的"利用影响力受贿罪"② 显然是不谋而合了。

其次是宽刑。将《宋刑统》卷第十一《职制律·枉法赃不枉法赃》新列入的法律规定"【准】唐天宝元年二月二十日敕节文，官吏应犯枉法赃十五匹合绞者，自今以后，特宜加至二十匹，仍即编诸格律"③，与《唐律

---

① 窦仪等：《宋刑统》，吴翊如点校，中华书局，1984，第184—185页。
② 参见《中华人民共和国刑法》第三百八十八条之一。
③ 窦仪等：《宋刑统》，吴翊如点校，中华书局，1984，第177页。

疏议》中官员受财枉法过十五匹者就应予以绞刑的法律规定进行对比可以发现，《宋刑统》中对官员的量刑明显减轻了。这种变化的背后主要有三点原因：一是北宋立国之初，君主为强化中央集权，迫切需要依赖职官队伍，因而试图通过从宽处置的方式来换取他们对皇权的忠心；二是每一个朝代在开国之时，为稳固政权的需要，在立法层面需要宽猛相济，不可一味严苛，所谓"刑新国用轻典，刑平国用中典，刑乱国用重典"①，亦符合太祖"以忠厚开国"② 之美誉；三是缓和官僚内部矛盾，自唐末五代以来，吏治败坏，尤其是官员的贪墨现象更是层出不穷，建国伊始若一味严惩，恐会造成人人自危的局面，如若给以宽罚，可起到对官僚集团内部矛盾的缓和作用，而整顿吏治一事可待国家政权稳定后方可徐徐图之。

通过上述法律条文的比对我们可以发现，北宋立国者一方面提倡严惩赃吏，但另一方面对赃吏施以宽罚，不可谓不矛盾，而造成这种矛盾的原因有二：第一，两宋商品经济的发达，为官员贪赃提供了有利的经济环境，客观上增加了严管赃吏的难度；第二，为实现中央集权的强化和政权统治的稳固，君主需要一方面防范百官，一方面又不得不对其优遇，无法真正做到严惩，因为一旦严惩，就会激化整个官僚体系内部的矛盾，造成不必要的动荡，而这种动荡并不是赵宋君主所乐于见到的场景，至于赃吏，太祖皇帝认为，纵使贪墨，至多是"塞破屋子矣"③，因而不足为惧，这种来自君主思想深处的轻视，是在制定职官法时，呈现出"言行不一"的重要原因。然而，在这种严惩赃吏和宽刑的矛盾背后，是有统一性存在的，即都是为了强化中央集权和维护政权统治的需要而存在并设立的。

---

① 阮元校刻：《十三经注疏（清嘉庆刊本）》，中华书局，2009，第495页。
② 钱若水修：《宋太宗皇帝实录校注》卷第四十一，范学辉校注，中华书局，2012，第443页。
③ 魏泰：《东轩笔录》卷之一，李裕民点校，中华书局，1983，第3页。

其六，严管职官赋税征收的行为。对比唐之规定："诸差科赋役违法及不均平，杖六十。若非法而擅赋敛，及以法赋敛而擅加益，赃重入官者，计所擅坐赃论；入私者以枉法论，至死者加役流。"① 与北宋之新列入的法律条文："【准】唐长庆元年正月二十五日度支旨条节文，如有两税合征钱物，数外擅加率一钱一物，州县长吏并同枉法赃论。"② 可以发现，《宋刑统》中规定若在两税之外擅自增加"一钱一物"，则州县长吏以枉法赃论处。又根据法律对坐赃和枉法赃的规定：

> 诸坐赃致罪者，一尺笞二十，一匹加一等，十匹徒一年，十匹加一等，罪止徒三年。谓非监临主司而因事受财者。与者减五等。
>
> 诸监临主司受财而枉法者，一尺杖一百，一匹加一等。③

可以看到，枉法的处罚力度是比坐赃重的。可见，北宋立国之后对于州县官吏擅自增加赋税的情况是要予以重处的，原因有二：第一，赋税收入是国家财政的重要来源，职官在征收过程之中擅自增加额度，无异于与国家争夺利益份额，实质上是动了君主的"蛋糕"，以掠夺国家财政收入的方式，中饱私囊，这是与中央集权统治之下上收地方财政权不符的；第二，经历了唐末五代以来的战乱，百废待兴，百姓亟须休养生息，而州县守令擅自增加农民赋税，必定会造成民怨沸腾的局面，不利于政权的稳固，因而从立法层面严格管理官员征收赋税的行为，是稳固政权的题中之义。

其七，维护官制秩序。《宋刑统》在沿袭《唐律疏议》中防止诈假得

---

① 刘俊文笺解：《唐律疏议笺解》，中华书局，1996，第 1001—1002 页。
② 窦仪等：《宋刑统》，吴翊如点校，中华书局，1984，第 212 页。
③ 窦仪等：《宋刑统》，吴翊如点校，中华书局，1984，第 406 页、第 176 页。

官、诈增减年限等破坏官制行为的基础之上，又新增入了法律条文：

【准】唐天宝九载九月十六日敕，选人冒名接脚，实紊纪纲，比虽堤防，未全折中。如有此色，量决六十，长流岭南恶处。

【准】唐应顺元年三月二十日敕节文，如有卖官、买官人等，并准长兴四年三月二十七日断魏钦绪犯买官罪，决重杖一顿处死敕处分。其诈假官及冒名接脚等罪，并准律文及天宝九载九月十六日敕指挥。[①]

由于诈假得官、买官、卖官等行为严重危害了官制正常秩序，北宋立国之时坚决予以严惩，而这种对官制秩序空前维护的背后，是君主对官僚体系的倚赖。官员作为统治工具，在整个国家治理的过程中起着举足轻重的作用，维系整个官制的有序运行，是保证职官队伍发挥作用的关键，一旦在官员的选任、铨选等方面出现漏洞，那么整个官制的崩塌就是早晚而已，而一旦官制被破坏，那么就会直接威胁王朝统治，这种链条式的连锁反应机制促使北宋的立国者在建国之初就开始注重对官制的维护，严厉打击破坏官制秩序的行为。

诚然，通过对职官法的内容分析来看，由唐至宋，职官法在继承的基础之上有所发展是必然的，而这种必然性归根结底来自强化中央集权的需要。为适应并满足集权中央的不断强化，必然会促进职官法层面的更革，一些带有赵宋特色的职官法自然又被重新罗列了出来，以适应新的社会发展的需要。

正如陈邦瞻所认为的："大抵宋三百年间，其家法严，故吕、武之变

---

① 窦仪等：《宋刑统》，吴翊如点校，中华书局，1984，第392页。

不生于肘腋；其国体顺，故莽、卓之祸不作于朝廷；吏以仁为治而苍鹰乳虎之暴无所施于郡国，人以法相守而椎埋结驷之侠无所容于闾巷，其制世定俗，盖有汉、唐之所不能臻者。"① 可见，在后世之人的眼中，两宋时期的"祖宗家法"可谓保百年盛世与王朝延续之根本。两宋王朝的统治者深刻吸取了唐末、五代以来的弊政之教训，并从中汲取了宝贵的经验，总结出了一套集中行政人事权、财政权、军事权等诸多权力于帝王一人之中的"祖宗家法"，从而实现了对文臣、武将、外戚、后宫、宗室和宦官的全方位防范，避免了前朝的权臣把控朝政，武将颠覆政权，外戚、后宫、宗室和宦官擅权、专权、干预朝政的情况发生，空前强化了中央集权，稳固了政权统治。

由唐至宋，随着立国环境的变化，治国理念的转变，职官法立法原则也随之发生了显著的变化，总体上形成了重文轻武、防范与优遇并重两大基本原则。其中，在重文轻武中，赵宋君主主要从重文和轻武两个方面入手。重文主要指提升文职官员的政治地位，重文臣，兴文治；而轻武则体现在弱化武将权力、调整兵将关系上，具体表现为用怀柔手段化夺权斗争于无形、完全剥夺地方节度使的治事之权、限制武将的任用和铨选、事先规定武将对外作战的策略、兵将互不知。在防范与优遇并重中，主要从防范职官、优遇职官两个方面入手。其中，防范主要指差遣制和官僚体系内部互相监督、制约机制的形成两个方面；而优遇主要体现在对职官的政治优遇、法制优遇和经济优遇之中。

由唐至宋，在立法原则的指引下，职官法的内容也发生了诸多变化，我们对比《唐律疏议·职制》和《唐律疏议·职制律》中的内容可以发现，这种变化主要集中体现在进一步严管公罪，重职事官、轻虚衔的赎刑

---

① 陈邦瞻：《宋史纪事本末》附录一，河北师范学院历史系中国古代史组点校，中华书局，2015，第1192页。

调整，进一步收地方幕职官的管理权归于中央，严惩赃吏与宽刑之间的矛盾，严管职官赋税征收的行为，维护官制秩序，等等。这些立法内容的变化，体现了宋虽承唐制，但也只是一种"大体上"的承袭，并没有完全照抄照搬，其中的调整，既体现了唐宋职官法的变迁性，也体现了法对社会政治环境的适应性。

第二章

由唐至宋，选官入仕的主要变化及原因

　　无论是唐朝，抑或是宋朝，立国环境虽有不同，但统治者都无一例外地选择了严管入仕之途，这是对权力源头的控制和管理，也是治吏的第一步。由唐至宋，随着庶族地主阶级的崛起，参加科举考试之人的身份和层次发生了显著的变化，这种变化带来了唐、宋官僚集团内部构成的差别，形成了唐朝时期的贵族官僚阶层和宋朝时期的平民官僚阶层。同时，由于治国理念的转变，为了实现更广泛的控制，宋朝时期的科举取士录取的人数远远超过了唐朝，为正统思想的下移提供了充分的条件。此外，为了同时实现防范与优遇百官并存的举措，宋朝时期对职官的荫补之策也显得与唐朝大不一样，宋朝时期荫补的职官范围虽较之唐制有了很大的扩充，但是给予的官阶却显著降低了，这也是宋朝时期没有像唐朝般形成权臣的重要原因之一。

第一节　由唐至宋，荫补入仕的主要变化及原因

　　荫补法并非两宋初创，古已有之，延至隋唐仍未见衰势，归根结底源于其维护了官僚阶级的权益，对既得利益者实现了利益的再分配和延续，

值得注意的是，及至隋唐时期，荫补法已经有别于门阀士族时期所特有的世袭制，由荫补而得官者的职位开始下降，权力重心随之下移，在保有统治阶级内部的权力分配的同时，又有效避免了高层权力划分多元化所导致的皇权的削弱，显露出了荫补法进步的一面，标志着"身份性社会向非身份性社会的转化"①。至两宋时期，虽然荫补的范围较之唐代有所扩大，但是以荫补而得官的职官子弟获得的职位更是徘徊在权力位阶的中下游，一方面继续施行荫补制度，使特权阶级的既得利益获得保障，稳定统治基础；但另一方面又是对特权的一种削弱和否定，标志着官僚体系的发展进一步走向成熟。

一、由唐至宋，荫补入仕的主要变化

由唐至宋，以荫补入仕依然是官僚阶层子弟的一条终南捷径，也是皇权之下，官僚阶层所享有的一项政治特权，代表着一种家族政治权力的延续。然而这种延续，却在唐、宋二朝有着鲜明的不同，而这种不同根源于使荫补法存在的目的之不同。唐朝时期，荫补法的存在仅仅是为了拉拢官僚集团，给予贵族官僚集团以特权，使他们享受浩荡的皇恩。到了宋朝时期，荫补法的存在目的已经不仅于此，更重要的是在荫补的过程之中，削弱职官的家族政治权力，使这种家族政治权力在荫补的过程之中，悄无声息地得到消解，但在表面上看，仍是给予官僚集团以政治特权之目的。正是唐、宋二朝对荫补法存在的目的有着不同的理解，使得荫补法在施行的过程之中，产生了不同的效果，纵观历史的发展可以看到，唐朝时期仍有世家大族把持朝政局面的出现，而到了宋朝时期，更多的是一些毫无依靠

---

① 白钢主编，俞鹿年著：《中国政治制度通史》第五卷，人民出版社，1996，第442页。

的"起自孤生"①的平民布衣。正因于此，宋朝时期的职官集团依靠更多的是皇权，也对君主更为忠诚。而唐朝时期的职官集团更容易形成自身势力，更容易形成权力集团，也就更容易分割皇权，对皇权造成威胁，对统治的稳固形成挑战。

（一）荫补范围扩大，人数增多

皇祐二年（1050 年），何郯上书认为，唐制荫补，只是及于子孙，其他亲属是不能享有的，同时也没有成为常例。然而本朝荫补，范围过广，人数过多，且"继世不绝"②，优遇至厚。从这段话可知，对比唐宋荫补之法，两宋时期过于宽泛，不仅及于子孙，甚至还有缌麻亲，宰相还可荫补门客，范围之广，实乃唐时所不及。

此外，对比西汉和两宋的荫补可以发现，两宋时期的荫补人数之多，是前所未有的，根据史料记载："西汉吏二千石以上，视事满三岁，得任一子为郎，……今文武官三司副使、知杂御史、少监、刺史、阁门使以上，岁任一子；带职员外郎、诸司副使以上，三岁得任一子。文武两班可任子者，比之祖宗朝，多逾数倍。遂使绮纨子弟，充塞仕途，遭逢子孙，皆在仕宦，稚儿外姻，并沾簪笏之荣。而又三丞已上致仕者，任一子。"③及至宋廷南迁，根据宁宗嘉定年间的四选总数的相关数据，我们着重关注铨选文官的尚左和侍左，可得表 2 如下。

---

① 司马光：《司马温公集编年笺注》卷五六，李之亮笺注，巴蜀书社，2009，第377 页。

② 李焘：《续资治通鉴长编》卷一百六十九，上海师范大学古籍整理研究所、华东师范大学古籍整理研究所点校，中华书局，2004，第4056 页。

③ 李焘：《续资治通鉴长编》卷一百八十一，上海师范大学古籍整理研究所、华东师范大学古籍整理研究所点校，中华书局，2004，第4375 页。

表2　嘉定尚左、侍左有出身和荫补入仕人数及比例①

铨选机构	总数	有出身	荫补		
			致仕	遗表	大礼
尚左	2392	975（41%）	529（22%）	92（3.8%）	623（26%）
侍左	16700	4325（26%）	6366（38%）		

通过表2的数据对比可知，在嘉定年间，通过荫补入仕的人数还是远高于科举入仕的人数的，占据了入仕总人数的相当大的比例。

（二）荫补以官、职、差遣为决定因素

据《唐六典》中记载，唐代的荫补可以按照官品、爵位、散官、勋官等因素来划分：

> 一品子，正七品上叙，至从三品子，递降一等。四品、五品有正、从之差，亦递降一等；从五品子，从八品下叙。国公子，亦从八品下。三品以上荫曾孙，五品以上荫孙；孙降子一等，曾孙降孙一等。赠官降正官一等，散官同职事。若三品带勋官者，即以勋官品同职事荫；四品降一等，五品降二等。郡、县公子，准从五品孙；县男已上子，降一等。勋官二品子，又降一等。二王后子孙，准正三品荫。②

而两宋时期的荫补，主要以官阶来决定荫补，中间杂有差遣。两宋为分割百官权力、防范官员而形成的官与差遣分离的官制，为官阶决定荫补

---

① 数据来自李心传《建炎以来朝野杂记》乙集卷十四，徐规点校，中华书局，2000，第757页。

② 李林甫等：《唐六典》卷第二，陈仲夫点校，中华书局，1992，第32页。

提供了先决条件。此外，由于两宋时期官的人员构成发生了显著变化，以寒士平民身份入官之人颇多，以官阶和职任为荫补标志，覆盖的人员范围更为广泛，更具稳定臣心之效。

（三）荫补官阶的降低

《旧唐书》中有关唐代品官荫补的规定如下：

> 一品子正七品上，二品子正七品下，三品子从七品上，从三品子从七品下，正四品子正八品上，从四品子正八品下，正五品子从八品上，从五品及国公子从八品下。[①]

《宋史》中已经详细论述的崇宁文臣荫补有关规定如下：

> 太师至开府仪同三司：子，承事郎；孙及期亲，承奉郎；大功以下及异姓亲，登仕郎；门客，登仕郎。不理选限。
>
> 知枢密院事至同知枢密院事：子，承奉郎；孙及期亲，承务郎；大功以下及异姓亲，登仕郎；门客，登仕郎。不理选限。
>
> 太子太师至保和殿大学士：子，承奉郎；孙及期亲，承务郎；大功以下，登仕郎；异姓亲，将仕郎。
>
> 太子少师至通奉大夫：子孙及期亲，承务郎；大功亲，登仕郎；异姓亲，登仕郎；小功以下亲，将仕郎。
>
> 御史中丞至侍御史：子，承务郎；孙及期亲，登仕郎；大功，将仕郎；小功以下及异姓亲，将仕郎。
>
> 中大夫至中散大夫：子，通仕郎；孙及期亲，登仕郎；大

---

① 参见刘昫等《旧唐书》卷四十二，中华书局，1975，第 1805 页。

功，将仕郎；小功以下，将仕郎。

太常卿至奉直大夫：子，登仕郎；孙及期亲，将仕郎；大功小功亲，将仕郎。国子祭酒至开封少尹：子孙及小功以上，将仕郎。

朝请大夫、带职朝奉郎以上：理职司资序及不带职致仕者同。子，将仕郎；小功以上亲，将仕郎；缌麻，上州文学。注权官一任，回注正官，谓带职朝奉郎以上亡殁应荫补者。

广南东、西路转运副使：子，登仕郎；孙及期亲，将仕郎。提点刑狱：子，将仕郎；孙及期亲，将仕郎。[①]

对比《旧唐书》和《宋史》中的相关规定，我们发现以下变化，详见表3。

表3　唐、宋文臣之子荫补官品的变化[②]

唐		宋	
受荫赏品官官阶	子受荫品官官阶	受荫赏品官官阶	子受荫品官官阶
一品	正七品上	开府仪同三司（从一品）	承事郎（正九品）
二品	正七品下		
三品	从七品上		
从三品	从七品下		
正四品	正八品上		
从四品	正八品下	通奉大夫（从三品）	承务郎（从九品）
正五品	从八品上	中大夫至中散大夫（正五品至从五品）	通仕郎（幕职州县官）
从五品	从八品下		
		奉直大夫（正六品）	登仕郎（幕职州县官）
		朝请大夫（从六品）	将仕郎（幕职州县官）

---

① 脱脱等：《宋史》卷一百七十，中华书局，1985，第4096—4097页。

② 数据来自刘昫等《旧唐书》卷四十二，中华书局，1975，第1805页。

通过对比可以发现，唐代一品官其子可荫补正七品上，而宋代的起点就是正九品，这说明两宋虽然荫补范围宽、数量多，但是通过限制荫补获得的官阶高低的方式防范官员形成家族权力网，这种低起点的荫补官阶再加上严格的叙迁关升之法，使得职官子弟无法迅速获得成长，抑制其上升还是为了强化中央集权，巩固政权统治。

二、由唐至宋，引起荫补入仕产生变化的原因分析

其一，唐朝时期，由于贵族官僚集团掌权，故而荫补的范围可以为勋官、爵位等，但是到了宋朝时期，由于官制改革，分为寄禄官阶、职事官与差遣，同时，由于宋朝时期大批寒士入朝，如唐朝般，再过多地给予勋官、爵位等荫补特权，已然不适应当时的朝局，极易引起官僚阶层的不满。因此，唐宋在荫补的范围上显示出了极大的不同。

其二，随着立法原则的变化，职官法的指导思想产生了变化，法律条文的制定要为防范与优遇职官服务，因此在唐朝时期，虽然荫补的范围没有宋朝范围大，但是能够获得的荫补官阶是远高于宋朝的。而宋朝时期为了防范百官，又为了避免落得苛责百官的口实，在"志忒"中给予百官荫补之权，却在设计中又千方百计使这种荫补官阶降到最低，这就使得两宋以荫补入仕的官员数量虽多，但位居高位者并不多。两宋空前加强了对百官的防范力度，使得以荫补入仕的职官子弟、亲属虽获得了入仕的机会，却不可能再像唐朝般有比较畅达的上升途径了，这样一来，两宋职官之间很难形成权力关系网。

第二节　两宋科举之制的不利因素

一、帝王的好恶影响科举取士的公平

在皇权至上的古代中国，不可能产生真正公平合理的选士制度。倘若将选人权全部交由公平，那么帝王的控制权又如何体现呢？如果帝王没有任意拔擢的特权，又如何驭下、笼络人心呢？如果读书人全凭个人努力就可获得一官半职，又谈何对帝王的感恩戴德、无限崇敬呢？因此，纵使有再多的法律规定与限制，在面对皇权的时候，也只能是"取由朕，弃由朕"①。比如雍熙二年（985 年），在已经录取了 179 位进士的情况下，太宗仍下令给予落第士子再次考试的机会。又如端拱元年（988 年），在叶齐"打鼓论榜"② 之下，太宗遂下令再次组织考试。然而，正所谓圣颜难测，亦有太宗年间"同保九辈"③ 受张雨光连累，而永远不得参加科考之事。这种恩威并施的做法，展现了科举取士的最终决定权被牢牢掌握在皇帝手中的一面。同是太宗年间，太宗亲自考试进士，每次都以交卷子第一人为第一名，孙何与李庶几同时考试，李庶几才思过人，思维敏捷，而孙何却稍显迟缓，按照常理，李庶几当为第一名的不二人选，然而就因为有传言称李庶几与举子在饼摊前作诗，以一饼之熟的时间"成一韵"④ 之人为胜，引得太宗勃然大怒，李庶几虽最先交卷，却定孙何为第一。熙宁三年（1070 年），叶祖洽在考试的策论中称赞神宗熙宁变法，迎合帝意："祖宗

---

① 柳开：《柳开集》卷八，李可风点校，中华书局，2015，第 117 页。
② 洪迈：《容斋随笔》，孔凡礼点校，中华书局，2005，第 375 页。
③ 洪迈：《容斋随笔》，孔凡礼点校，中华书局，2005，第 375 页。
④ 欧阳修：《归田录》卷一，李伟国点校，中华书局，1981，第 2 页。

多因循苟简之政，陛下即位，革而新之。"① 故而，神宗皇帝特擢叶祖洽为第一。

二、党派斗争影响科举取士

两宋党争不断，而庙堂之上的党争往往就会影响到庙堂之下的士子之选，由于科举取士的主考官不同，背后所代表的利益群体和党派主张也会有所不同，而一旦考生在试卷中所发挥的言论有利于该党派的主张便会被拔擢，不利于或者是稍有反对者就会被黜落，全然不顾考生是否有真才实学，科举俨然成了党派之间的较量场，根据相关历史资料的记载："三十年来伪学显行，场屋之权尽归其党，所谓状元、省元、两优释褐者，非其私徒，即其亲故，望诏大臣审察其所学而后除授。"② 可见，选拔出来的人才往往又成了党派之间斗争的后备力量。在这种各方势力此消彼长的较量之中，利益受损的往往是无辜的考生。有些考生甚至会刻意迎合主考官的好恶而作文章，全然不顾忌科举取士的真正初衷。

尤其在变法期间，支持者与反对者之间互相较量，考生往往受党争影响：如"不系元祐党籍""不系蔡京、童贯、朱勔、王黼等亲属""不是伪学"③ 等。这些对于考生的实际限制，使一部分考生竟因此而无缘于登科，可谓受党争之累深矣。

此外，党派之间的主张甚至浸润到了科举考试的内容之中，深刻影响着考生的文风和写作主张，比如"自神宗朝程颢、程颐以道学倡于洛，四方师之，中兴盛于东南，科举之文稍用颐说。谏官陈公辅上疏诋颐学，乞加禁绝；秦桧入相，甚至指颐为'专门'，侍御史汪勃请戒饬攸司，凡专

---

① 毕沅编著：《续资治通鉴》卷第六十七，中华书局，1957，第 1673 页。
② 孙诒让：《温州经籍志》卷十九，潘猛补点校，中华书局，2011，第 921 页。
③ 赵升编：《朝野类要》卷第三，王瑞来点校，中华书局，2007，第 67 页。

门曲说，必加黜落"①。又如"崇宁以来，士子各徇其党，习经义则诋元祐之非，尚词赋则诮新经之失，互相排斥，群论纷纷"②。这种党派之间通过科举考试这一平台暗行互相倾轧之实的做法，左右着考生的言论，又以何论以才取士呢？

这种党派之间的博弈，在两宋三百多年中几未中断，对于科举取士的影响更是贯穿始终的。

三、为科举所设定的法律规定被权臣破坏

北宋初年，太祖为防止"食禄之家"操控科举取士之权而设置了许多法律规定，然而自北宋末年至南宋，随着政治的日益腐朽，奸臣越发当道，科举取士逐渐呈现出被当朝权臣把控的趋势，对于权贵的限制之策越加遭到了破坏。比如陆游与秦桧之孙秦埙一同参加考试，陆游为第一，秦埙次之。秦桧很是恼怒，降罪主要负责的官吏，到了第二年，主司又将陆游列在秦埙之前，秦桧黜落了陆游，自此直到秦桧去世，陆游才得以赴任为官。史载陆游"年十二能诗文，荫补登仕郎。锁厅荐送第一，秦桧孙埙适居其次，桧怒，至罪主司。明年，试礼部，主司复置游前列，桧显黜之，由是为所嫉。桧死，始赴福州宁德簿，以荐者除敕令所删定官"③。在这样越发扭曲的科举取士之下，"祖宗之良法"④荡然无存。在这种鱼龙混杂的科举氛围之中，稍有背景之人便想染指于此，有识之士想要施展抱负谈何容易，遑论寒士耳！

---

① 脱脱等：《宋史》卷一百五十六，中华书局，1985，第3629页。
② 脱脱等：《宋史》卷一百五十七，中华书局，1985，第3669页。
③ 脱脱等：《宋史》卷三百九十五，中华书局，1985，第12057页。
④ 脱脱等：《宋史》卷一百五十五，中华书局，1985，第3623页。

四、作弊现象层出不穷

随着国势日衰，科举考试的作弊手段更是屡禁不止，至南宋理宗一朝，上自命题官，下至举人，作弊之风日益滋长。史载："奸弊愈滋。有司命题苟简，或执偏见臆说，互相背驰，或发策用事讹舛，故士子眩惑，莫知适从，才者或反见遗。所取之士既不精，数年之后，复俾之主文，是非颠倒逾甚，时谓之缪种流传。复容情任意，不学之流，往往中第。而举人之弊凡五：曰传义，曰换卷，曰易号，曰卷子出外，曰誊录灭裂。"① 这种日盛一日的作弊问题，使得有才之士反倒没有及第的可能，而写作颠倒是非黑白的文章之人反倒能够入仕登科。

总的来说，科举之弊主要有两个源头：一个是主考官，一个是考生。就主考官而言，或受贿致取舍不公；或因试卷过多，无法遍观，且有日期限制，无法做到取舍有当。而就考生而言，冒名顶替者屡禁不止，造成"士风日薄"② 之萧条之景。

五、"利"字当头逐渐背离入仕初衷

南宋末年，二十岁举进士的文天祥在集英殿以"法天不息"③ 为对：

> 国初诸老，尝以厚士习为先务。宁收落韵之李迪，不取坐锐之贾边；宁收直言之苏辙，不取险怪之刘机。建学校则必欲崇经术；复乡举则必欲参行艺。其后国子监取湖学法，建经学、治

---

① 脱脱等：《宋史》卷一百五十六，中华书局，1985，第 3636 页。

② 脱脱等：《宋史》卷一百五十六，中华书局，1985，第 3643 页。

③ 徐自明：《宋宰辅编年录校补》续编卷之二十二，王瑞来校补，中华书局，1986，第 1734—1735 页。

道、边防、水利等斋，使学者因其名以求其实。当时如程颐、徐积、吕希哲，皆出其中。呜呼！此元祐人物之所以从出也。士习厚薄，最关人才，从古以来，其语如此。陛下以为今日之士习何如邪？今之士大夫之家，有子而教之，方其幼也，则授其句读，择其不戾于时好、不震于有司者，俾熟复焉；及其长也，细书为工，累牍为富，持试于乡校者以是，较艺于科举者以是，取青紫而得车马也以是。父兄之所教诏，师友之所讲明，利而已矣。其能卓然自拔于流俗者几何人也。心术既坏于未仕之前，则气节可想于既仕之后。①

他认为，国初取士以义以才为先，而如今世风渐坏，士大夫之家在教育子弟读书习文的时候以"利"字当头，在其年幼之时便教育子孙，要写对于时事无所针砭、对有司无所指责之文章，无论父教子还是师友所讲，皆逃不出一个"利"字。这是士大夫们披着仁义礼教的外衣而为读取功名利禄所作的修饰与掩盖，在这样一种氛围的引导之下，士子在未进入仕途的时候考虑的便是如何在官场获利，那么入仕为官后的气节如何就可想而知了。在这样的入仕环境下，如何使拔擢之人在为官之后能够为拯救国家危亡而肝脑涂地、死而后已呢？在这样的士风和世风之下，卖国求荣、卖官鬻爵的市侩之官比比皆是，又如何能够挽救南宋覆灭的结局呢？

六、民主性中的局限

科举制度发展到两宋时期，确实更进一步显露出了民主性的一面，更

---

① 徐自明：《宋宰辅编年录校补》续编卷之二十二，王瑞来校补，中华书局，1986，第1734—1735页。

多的寒士都可以通过这一平台应考入仕，然而囿于荫补之法等给予职官的
特殊优遇，他们的子弟、亲属，甚至门客依然可以通过不拘常例的方式获
得为官资格，同时对于大多数普通农民而言，读书所耗费的物资和时间成
本也是负担不起的。因此，即使科举制在两宋时期更加具有民主性，但是
这种民主性也只是体现在了统治阶级的内部，调整的亦是统治阶级内部的
权力分配，是故，这种民主性带有明显的局限。

第三节　从制度到人，分析唐宋变迁影响下的职官入仕之路

职官法，归根结底为治吏之法。因此对职官法的考察，最终仍要以在
历史中鲜活存在的一个个职官体现。至南宋时期，具体职官的科举之路和
荫补之路到底呈现出了何种变化，是否与唐制大不相同，又是否延续了北
宋的相关规定呢？或许这些疑问，要从周必大和徐谓礼二位职官的身上找
寻答案。周必大是南宋甚至可以说是两宋时期，民主性、开放性科举制的
一个代表人物，他作为低阶选人入朝为官，一步步靠着自身的努力，在宦
海浮沉中走到了宰相之位，这种仕宦经历并非偶然，而是与科举制到了宋
朝时期变得更为开放密切相关。而徐谓礼作为南宋时期生产出的一个"标
准件"，虽然极为普通，但代表着最广大的平庸无奇的职官群体，而这些
人也是构成宋朝官僚集团的最大多数，显然与唐朝时期所形成的贵族官僚
体系是大不相同的。

一、周必大的入仕之路

南宋朝廷虽偏安于一隅，但仍旧出了不少贤材良吏，而周必大便是其
中一位。其人为官四十多载，历经高宗、孝宗、光宗、宁宗四朝，见证了

南宋中前期的风云变幻，在周必大的仕宦生涯之中，亦蕴含着南宋中前期职官法的发展脉络。

（一）进士科及第

周必大于绍兴二十一年（1151年）应试科举，终获进士及第之荣。在当年殿试之中，由高宗亲出策题，"制策曰：……盖许国之臣无几。而自为谋者总总也。……所赖乎有官君子为至切矣。……子大夫读先圣之书，通当世之务。其为究复何洒濯可以格旧俗，何陶染可以成美化，明著于篇，……且以观子大夫入官之志"①。这则策题反映了考试内容注重时事性之特点。高宗皇帝作为南宋第一任君主，亦是南宋的开国之君，在面临山河破碎之景时难免心生慨叹，一方面是南下之后的百废待兴，另一方面又要面对外围战事，如何在内忧外患之中做到稳固政权统治是高宗的首要之任。由于在宋廷南迁的过程之中，大批有识之士凋零，而国家建设又急需贤士助之，这也有了高宗在策题中的发问。此外，周必大自省试三题到殿试的制策反映了南宋科举考试的流程依然沿用了北宋之惯例。

总的来说，从周必大应试之年省试三题《史称文帝比成康孝宣比商宗周宣当否何如》《春秋宾礼人才之优劣》《务农》以及殿试策题，可以看出科举考试的内容仍是偏重于经世致用，且反映了国家拔擢人才的方向。

（二）应举博学宏词科

哲宗绍圣元年（1094年）"立宏词科"②，允许以进士及第之人或是罢任之官于礼部应举，而其考试与进士科相类似。至大观四年（1110年），颁布诏令，认为宏词科所立格法未有详尽，不足以起到取文学之才士之目

---

① 李心传：《建炎以来系年要录》卷一百六十二，中华书局，1988，第2634页。
② 脱脱等：《宋史》卷十八，中华书局，1985，第340页。

的，故而更立为词学兼茂科，于贡士院参加考试，录取人数不超过"三
人"①。至政和年间又增至五人。南宋高宗绍兴三年（1133 年），恢复了
"博学宏词科"② 的设置，而周必大于绍兴二十七年（1157 年）应试的正
是此科。制词中写道："左迪功郎周必大，国家自绍圣以来，设词学一科，
搜取异能之士。行之既久，所得为多。肆朕中兴，斯文益振。今试子春官
数十辈，而尔以粹文独与斯选。拔尤若此，升秩匪褒，姑游泮宫，以俟甄
擢。"③ 正是因此，左迪功郎周必大获得了循一资之奖励，循至左修职郎，
且获得了以堂除注拟为建康府的"府学教授"④ 之殊荣。这也为周必大此
后的仕进之路，提供了一个较高的台阶，正所谓"其后忝历清贯，实基于
此"⑤。

从周必大的入仕之路可以看出，至南宋时期，科举考试的内容仍以务
实为主，几乎完全摆脱了唐朝时期注重文辞考试的科举风格，故而，如若
说唐朝科考培养出了大批优秀的诗词作者，那么大宋科考自然是培养出了
更多的经世致用之才。

二、徐谓礼的入仕之路

在科举盛行的两宋社会，徐谓礼同大多数有志的知识分子一样，也希
望通过科举打开仕进之路，然而以落第而告终。但是作为官僚子弟，科举
落第并没有断绝其入仕之路，荫补作为第二方案成就了徐谓礼，也使得徐
氏一族的既得利益得以维护和继续。囿于国家对科举的大力倡导和推行，

---

① 脱脱等：《宋史》卷一百五十六，中华书局，1985，第 3649 页。
② 脱脱等：《宋史》卷二十七，中华书局，1985，第 506 页。
③ 叶盛：《水东日记》卷二十一，魏中平点校，中华书局，1980，第 207 页。
④ 李心传：《建炎以来系年要录》卷一百七十六，中华书局，1988，第 2904 页。
⑤ 叶盛：《水东日记》卷二十一，魏中平点校，中华书局，1980，第 207 页。

以荫补入仕的徐谓礼只能得以监当资序的差遣，但是由于父辈恩泽，徐谓礼一入仕途便得以承务郎之京官寄禄官阶，免于在选海沉浮，这可谓徐谓礼之幸，也是那个时代对官员的一种优遇。徐谓礼的一生治绩既不突出，但也不算平庸，既有所作为，但也有所过犯。其既未生逢乱世，亦未见证北宋鼎盛之时，在其为官生涯中折射着南宋中后期职官法的渐趋成熟和定型。而在徐谓礼的身上最具代表性的特征就是其仕宦生涯如"标准件"般的普遍性特征，而这一特征折射着南宋中后期职官法对北宋职官法的继承性和发展性。

（一）依父荫入仕

两宋时期官员入仕的主要途径有二：一为科举，一为荫补。其中绝大部分知识分子视科举入仕为正途，这主要是因为自北宋始就开始形成了日益浓厚的科举之风，而且自国家层面大力支持、倡导和鼓励士大夫以科举入仕，且以科举入仕之官员的上升途径和速度要明显优于同等条件的以荫补入仕之官，以科举入仕之官即可授予亲民资序，而以荫补入仕之官则必须先为监当资序，且不同于唐制，以科举入仕之官一经及第即可授予官职，故而即使是享有荫补资格的官宦人家子弟，也依然渴望通过科举之途来跃入龙门。

通过对于徐谓礼的研究我们可以发现，在《武义南宋徐谓礼文书》中前言部分，根据出土的徐氏圹志残文中所记载："少受经膝下，刻励□学，志世其科，不偶用（下残）。"① 可见徐谓礼和大多数同时代的知识分子一样，都渴望通过科举进入仕途，这也从另一方面印证了至南宋中后期，科举对于社会和士子的影响仍然是存在的，甚至可以说是非常大的，并且可以进一步推测，以科举入仕相较于其他入仕途径而言在仕途的顺达程度上

① 包伟民、郑嘉励编：《武义南宋徐谓礼文书》，中华书局，2012，第 3 页。

仍然是具有不可比拟的优势的，这也是徐谓礼首要选择以科举入仕的主要原因。

故而就现阶段来看，两宋时期重视科举的政策是一以贯之的，这也是两宋历任君主试图通过思想控制士子，不断扩充科举入仕名额来扩充统治基础的努力的结果。这种大开科举之门的做法从客观上促进了徐谓礼以科举为入仕首选的做法，但也从侧面反映出，一个王朝在日益走向没落的时候，君主试图通过这种"反抗"来延续王朝命运，通过这种扩大入仕名额的做法转移和缓解日益严重的内部矛盾，通过这种以扩大统治基础的方式来达到稳固集权中央的效果，在北宋初期甚至中期确实达到了预期的效果，但是随着制度性因素的矛盾逐渐显现，吏治败坏，人治统治的劣根性逐渐开始显露，舍本逐末的方式就无法为王朝的延续起到根本性的扭转作用了，只是起到了暂时的缓解之效。

根据《武义南宋徐谓礼文书》① 前言推断，徐谓礼最终是依靠他的父亲徐邦宪而荫补入仕的②。徐邦宪最终官至"工部侍郎、宝谟阁待制"③而致仕，荫补他的幼子徐谓礼是完全可以的。徐谓礼的初授寄禄官阶则是京官最低一级的承务郎，可见受荫补的待遇并不低，直接跨过了选人，而得以免于在选海中沉浮，免受改官之坎阻拦升迁之路，这比大多数出身寒门、依靠科举入仕的官员来说要好得多，可见虽然官制发展到南宋时期有进步性的一面，但是依然是维护和实现官僚阶层利益的。当然，宋廷也正是依靠维护这些既得利益者的所谓"权益"，才稳定了绝大多数职官群体，亦体现着宋廷对于官员的优遇之策。

---

① 以下凡是提到录文中的内容，为行文方便，均是指本书。
② 包伟民、郑嘉励编：《武义南宋徐谓礼文书》，中华书局，2012，第 3 页。
③ 陈玉兰主编：《武义文献丛编·何德润卷》，中华书局，2019，第 785 页。

（二）与荫补制度相关的内容

《武义南宋徐谓礼文书》录文中录白印纸所书内容亦有涉及荫补制度的保状的体现，主要是为乞赴荫补考试和合授荫补者（对符合荫补资格者）出具的保状这两个部分。

其一，荫补考试。由于荫补入仕者占据了两宋时期入仕人数的绝大部分，甚至高于以科举入仕者的人数，因而对于这些依靠荫补进入仕途者的学识和实际能力的考评，关系着整个官僚队伍的整体素质。北宋立国初期，虽然以荫补入仕的人数尚不算多，但太祖皇帝已经开始意识到对荫补者考试的重要性，至仁宗皇帝，荫补考试制度得到了更进一步的发展，仁宗庆历三年（1043 年）颁布《任子诏》，这是有宋一朝第一次对荫补考试进行详细立法，对于荫补选人和荫补京官都有详细的规定，其中涉及荫补人的资格分类，荫补人的年龄界定，荫补考试的内容、评定标准以及录取后的资序等。此后，经神宗熙宁年间的王安石变法改革，哲宗元祐时期的进一步发展完善，荫补考试制度不断补充。至宋廷南迁，根据文献记载荫补考试制度仍然发挥着应有的作用。

《武义南宋徐谓礼文书》录文中录白印纸第 12 则是对乞赴荫补考试者出具的保状，根据编者所注，被保者赵与懿存于《宋史·宗室世系表》所列名单之中，虽有三人同名，但均为宗室之子，且根据保状所载奏荫为承务郎，乞赴吏部铨试。① 这则保状印证了至南宋理宗绍定年间，荫补考试制度仍然存在，且与孝宗隆兴元年（1163 年）二月五日颁布的《严任子法诏》相呼应，该诏书规定："臣僚任子，……可令吏部严铨试之法。自今初官，不许用恩例免铨试、呈试，……虽宰执亦不许用恩例陈乞回授初

---

① 包伟民、郑嘉励编：《武义南宋徐谓礼文书》，中华书局，2012，第212—213 页。

官免词。"① 也就是说，即使是宗室子弟也要参与考试，而由徐谓礼出具担保的绍定三年（1230 年）宗室之子赵与懿须赴吏部铨试注官的保状，也正好验证了该诏令的实施。此外，在该书录文中录白印纸的第 21 则、第 22 则保状则是由徐谓礼出具的对将仕郎王瀰②和将仕郎王潮③乞赴绍定五年（1232 年）吏部铨试的担保内容。在隆兴元年（1163 年）因父致仕而得以荫补为官的都谦亨，由于未经铨试，且授荫补为官未满三年，就被授予差遣，即使是祠禄官之闲职，亦"更不施行"④，且乾道二年（1166 年）孝宗皇帝颁布《诫谕执政常遵近制诏》中规定："都谦亨岳庙差遣罢之。"⑤由此可以推测，同为将仕郎的王瀰和王潮是否受前人教训之影响，也按部就班地参加考试，而不试图投机取巧，以免受到严惩。由此可见，孝宗时期的规定至理宗朝依然可以找到施行的痕迹。

其二，荫补资格。两宋时期的荫补途径有三——大礼、致仕和遗表。其中大礼荫补的范围最为广泛。在《武义南宋徐谓礼文书》录文的录白印纸中，第 50 则、第 74 则是由徐谓礼出具的官员大礼荫补的保状，可以看出对于荫补资格的规定。其中在第 74 则录白印纸中，是关于寄禄官阶为朝奉大夫的洪若拙荫补其长男洪志冲的内容⑥，《庆元条法事类》卷第十二《职制门九·荫补》规定："诸朝议大夫至带职朝奉郎以上，……初遇大礼，……听荫补子孙。"⑦ 根据该法律条文的规定，身为朝奉大夫的洪若拙

---

①　曾枣庄、刘琳主编：《全宋文》第二百三十四册，上海辞书出版社、安徽教育出版社，2006，第 65 页。

②　包伟民、郑嘉励编：《武义南宋徐谓礼文书》，中华书局，2012，第 219 页。

③　包伟民、郑嘉励编：《武义南宋徐谓礼文书》，中华书局，2012，第 219 页。

④　《宋史全文》卷二十四下，汪圣铎点校，中华书局，2016，第 2034 页。

⑤　曾枣庄、刘琳主编：《全宋文》第二百三十四册，上海辞书出版社、安徽教育出版社，2006，第 264 页。

⑥　包伟民、郑嘉励编：《武义南宋徐谓礼文书》，中华书局，2012，第 257 页。

⑦　谢深甫：《庆元条法事类》，戴建国点校，载杨一凡、田涛主编《中国珍稀法律典籍续编》，黑龙江人民出版社，2002，第 229 页。

荫补其长男是完全符合规定的。

总的来说，荫补制度作为两宋时期一条颇为重要的入仕途径，沿用至南宋而不废，确实起到了彰显赵宋君主对百官优遇之目的。

（三）与科举制度相关的内容

通过对徐谓礼所书保状的分析，我们可以看到与科举制度相关的内容，即漕试、省试等。

其一，漕试。根据《武义南宋徐谓礼文书》录文中录白印纸第42则批书、第53则批书、第54则批书、第55则批书可以发现陈乞赴"两浙转运司收试"① 的字样，这是徐谓礼对乞赴漕试的官员所出具的保状。《朝野类要》中这样定义漕试：由转运司负责类具辖下现任官员呈牒送报的五服内亲属和随侍子弟，类似于州、府所举行的"解试"②。经漕试合格后可赴省试，是贡举考试的一种形式。

其二，省试。省试是由礼部主持的考试，经省试合格后方可参加殿试。两宋时期的省试有别于唐代的重要区别就在于贡举官的设置。唐代的省试考试一般由固定的常设官员充任。而至北宋时起，不常设，常以他官充任，称之为"权知贡举"，以防专权之效。在《武义南宋徐谓礼文书》录文中的录白印纸第43则、第56则、第57则、第58则、第59则、第60则、第61则、第62则、第63则是为徐谓礼出具的对赴省试之人所书的保状，其中分赴的是淳祐四年（1244年）的省试和淳祐七年（1247年）的省试。第43则录白印纸中有编者所补内容，注明邵弥大于宝祐元年（1253年）被取为特奏名③。这种情况可以说明两点，一是特奏名制度至

---

① 包伟民、郑嘉励编：《武义南宋徐谓礼文书》，中华书局，2012，第238页、第245页。

② 赵升编，王瑞来点校：《朝野类要》卷第二，中华书局，2007，第55页。

③ 包伟民、郑嘉励编：《武义南宋徐谓礼文书》，中华书局，2012，第238页。

南宋时期依然存在并实施；二是邵弥大此人自宝庆元年（1225 年）至宝祐元年（1253 年）近三十年间都没有放弃科举考试，但都没有及第，侧面又一次论证了科举考试在时人心中的地位以及特奏名使得"潦倒于场屋"①的士子终获题名，最终被君王收服之特点。

总的来看，上述这些保状都有两点相同之处。一是徐谓礼在保状中都注明了诸如"甘俟朝典"② 等愿意在委保不实的情况下接受处罚的自白性说明。二是这些保状都将被保者的基本情况作以简要说明，而且保状承担的实际使命就是用以证明被保者的身份，这在信息沟通不畅的古代社会来说是非常关键的一环，通过出具保状的官员的类似于连带责任的证明来保证被保者提供信息的真实性，以此达到通过控制少数人来达到控制大多数人之效果，是一种保证信息真实有效的手段和方法。具体落实到科举考试之中，对于身份真实性的要求可以起到防止作弊的效果，而且在保状中对赴试者的身份进行界定，更有利于回避制度的落实以及科举户籍制度的实施，从而更好地保障科举制度的顺利实施。

控制入仕之源，是王朝统治者管控职官质量和数量的首要环节。由唐至宋，科举制和荫补法虽几经更革，总体来说，人数都是沿着不断增加的趋势上涨的，甚至到了南宋时期，科举取士人数高达 19937 人，而荫补入仕"三岁大比，所取进士不过数百人，三岁一（部）〔郊〕，以父兄任官者乃至数千人"③，由此，两宋时期仅通过科举和荫补两个途径入仕的人数

① 蔡绦撰，惠民、沈锡麟点校：《铁围山丛谈》卷第二，中华书局，1983，第 29 页。

② "甘俟朝典"四字见于《武义南宋徐谓礼文书》之第 207 页、第 209 页、第 213 页、第 215 页、第 219 页、第 220 页、第 232 页、第 238 页、第 245 页、第 246 页、第 247 页、第 248 页、第 249 页、第 250 页、第 254 页；其中录文中录自印纸第 66 则、第 67 则、第 68 则中说明"甘从绍兴十一年二月十三日及节次降指挥"均是表明如有不实愿受惩罚之意。此外，在此将批书中凡所涉及此四字内容的保状均罗列此，特此说明。

③ 何忠礼：《宋史选举志补正》卷四，中华书局，2013，第 181—182 页。

可谓多矣。那么取士如此之多，科举人数超过前朝后世，恩荫之滥从未有之，意欲何为呢？两宋统治者深谙职官对于国家治理的重要性，故而从始至终都没有放松过对于职官的管理和把控，而对于职官的一系列举措的制定和实施都不可能脱离两宋时期总体的治国方略，即强化中央集权。故而扩充入仕名额所带来的弊端，只要没有动摇统治根基，就不会引发根本性的变革。而两宋时期以科举、荫补为主要方式的入仕途径，稳定并且扩充了政权统治的基础的同时，也因极度扩张的人数而无可避免地造成了官冗员众的局面。正因于此，由唐至宋，科考选官和荫补入仕才显示出了诸多不同的面相。

其一，由唐至宋，受官制的变化，官僚阶层构成的转变，立法原则的变化等诸因素的影响，荫补入仕发生了诸多变化，这些变化主要体现在入宋之后荫补范围扩大，人数增多；荫补以官、职、差遣为决定因素，荫补官阶的降低等方面。

其二，从周必大和徐谓礼两位南宋职官的入仕之路以及子孙荫补之路可以看出，科考选官和荫补入仕依然保留着很多北宋沿袭下来的传统，科考选官的经世致用性，荫补入仕对职官的防范与优遇并重的特点依然存在，体现着由唐至宋，科考选官、荫补入仕的不同面貌。

第三章

由唐至宋，职官铨选法的主要变化及原因

　　唐宋之际可谓中国古代社会职官政治发展的快速时期，而职官铨选更是职官选任过程中的重要一环。在职官铨选之中，最为重要的当数差遣制，这是宋朝职官铨选有别于其他朝代的最大不同之处，而这种不同，也形成了由唐至宋以来，职官铨选的主要变化。

第一节　由唐至宋，职官铨选法变化的原因分析

一、由唐至宋，职官铨选法的主要变化

（一）职、官分授

　　差遣制，顾名思义，就是职官的具体职任和官阶相分离，而这种制度虽然在宋代时期被固定了下来，但并不是宋代独创的，而是在唐朝时期就已经出现了。早在唐朝末年时期，由于战事频繁，很多职官往往会被皇帝派往前线担任粮草督办，由于这些人并不是专职的户部官员，因此造成了官阶与具体职任不相称的场景，唐朝时期的这种现象并没有形成一种制度，其主要原因在于事毕即还。也就是说唐朝的外派职官，当其完成具体职任后，便要返回中央，交还权限。然而，这种制度到了宋代时期则完全

不同了，宋代在沿袭唐朝的这种差遣制的基础之上对其加以完善和丰富，使职官的具体职任与官阶相分离成了一种制度，体现着宋代对职官的防范之策，往往造成了职官居高位却无实权、有实权却官阶低的局面，并且也成了皇家赏赐和惩罚职官的一种手段，不失为一种治官之策的重要调整。

（二）资格法的充分运用

北宋前期所施行的《长定格》《循资格》等，便是在唐、五代基础之上的一次总结，并且更近一步将"资"的精神内核深化了起来。因此，两宋职官铨选始终没有脱离以"资"取人。

1. 资格法是赵宋王朝的必然之选

其一，这是大多数待选官员在面对尖锐异常的员阙矛盾时的必然要求。两宋时期，铨选机构面临的是数额空前庞大的职官待选群体，这些人除了少数进士高第者得以不次任官之外，绝大多数人都位于官僚群体的中下层，他们大都出自寒门，没有显要的家庭背景，在与那些通过荫补等途径入仕的官宦子弟一起等待铨选，甚至需要面对几人共候一阙的情况之下，他们对于铨选的要求是尽可能的公平公正，以防止主选官任人唯亲，保证主选官员不带任何个人色彩。因此，资格法的渗入能够保证一种相对公平的铨选环境，并且可以使整个铨选过程有章可循、不偏不倚，保证大多数政绩平平者获得平稳的晋升。

其二，这是铨司在面对庞杂的铨选信息下的必然要求。有大量的待选职官群体就意味着有大量的待铨选信息等待铨司的主选官进行审核，而一套行之有效且查之有据的职官铨选信息是最为可靠且需要的。相较于无法完全评判的主观性因素，考任、负犯、举主等客观可书的硬性条件可以使铨选统一化，将铨选的审查活动从面对各个不同的职官演变成了审核各个规范化、程式化的硬性条件，不仅出错少，还使得铨选引起的非议小，铨司的工作更能顺利展开。

其三，这是君主构建强化中央集权、稳定政权统治的必然要求。两宋"防弊"思想的渗入使得在一切政事的处理过程之中都贯彻着一种因循、保守之风。对于职官铨选来说，历任君主都不同程度地意识到了其中的弊端，然而从稳固政权的角度出发，这些弊端自然就要让位于防止结朋党、谋取私利了。按"资"取人，缓解了职官内部的矛盾，稳定了政权统治的基础，而这也正是君主所希望看到的景象。

2. "资格"之失

其一，不分贤愚，只看资格，扼杀人才。在定差时，只看资历，如果资历符合，就"不容不与"①。朱熹在《论官》中写道："今天下之大，百官之众，皆总于吏部。下至宰执干办使臣，特其家私仆尔，亦须吏部差注，所以只是衮衮地鹘突差将去，何暇论其人之材否！"② 对以"资"取人之弊感慨颇深。由于铨选人数众多，在任期间只要没有过犯之人都能依次得到铨注。宋朝学者员兴宗在《议守令疏》中亦对资格之弊大为贬斥："盖铨司及诸路务拘一定之制，凡知县两任，例关升通判，通判两任例升知州。吏以资而授其官，如人受雇而计其直，一有不与，恐其怨咨。是以昏懦不职之徒，养资以苟延岁月，遂可因循而望州郡。如此之类，前后不可概举。"③ 职官困于资格之中，无论贤愚都要接受资格的调控，即使昏庸无能之辈也可以凭借循资而得以迁转，导致有才能之人也需要论资排辈，使得有才华之人，终老于"常调者"④ 非常之多。

---

① 王栐：《燕翼诒谋录》卷三，诚刚点校，中华书局，1981，第28页。

② 黎靖德编：《朱子语类》卷第一百一十二，王星贤点校，中华书局，1986，第2730页。

③ 曾枣庄、刘琳主编：《全宋文》第二百一十八册，上海辞书出版社、安徽教育出版社，2006，第109页。

④ 司马光编著：《资治通鉴》卷第二百一十三，中华书局，1956，第6789页。

其二，政事废弛，职事懈怠。正因为在铨选之中不分贤愚，百官在任职过程之中不求有功，但求无过，荒于政事而不求有所作为，整个官场缺乏有效竞争、暮气沉沉。孙洙在《资格论》中对此大为贬斥："今贤材之伏于下者，资格阁之也；职业之废于官者，资格牵之也；士之寡廉鲜耻者，争于资格也；民之困于虐政暴吏者，资格之人众也；万事之所以玩弊，百吏之所以废弛，法制之所以颓烂决溃而不之救者，皆资格之失也。"① 资格之法使得贤材困于选海，百官不思政事，竞相在资格上做文章，百姓受苦于职官不作为。凡此种种，皆因困于资格法之中，而无所脱逃。

二、由唐至宋，引起职官铨选法变化的原因分析

铨选事关职官的仕进之路，由唐至宋，职官铨法发生了诸多变化，而产生这种变化的最主要原因在于官制不同。同时，由于官、职、差遣分授局面的形成，两宋职官的晋升途径也呈现出了双轨并行的面貌，以叙迁和关升并存为主要的上升途径，并且二者虽分立但也互相影响。此外，宋廷为了更进一步规范和加强职官管理，将资格法运用得非常充分，以"资"和"资序"为主要评判标准，虽然导致了贤愚并进，但缓和了铨选过程之中的矛盾，保证了职官群体内部的稳定。

第二节　从制度到人，分析唐宋变迁
影响下的职官铨选之路

在中华几千年的历史长河中，人治社会是其最突出的特征，而与人治社会相伴而生的，便是职官集团。作为人治社会的最高统治者，历代君主

---

① 吕祖谦编：《宋文鉴》卷第一百三，齐治平点校，中华书局，1992，第1425页。

唯有通过职官这一群体实现自己的治国目标，通过治官来达到治民的效果。因此，纵观中国古代法制的发展可以发现，与职官相关的法律规定比比皆是，诸如《除吏律》《吏部条法》《钦定吏部则例》等等，这些法律规定体现着对职官的管理，蕴含着古代君王的治官智慧。而如若说中国古代的社会是官僚政治的时代，那么宋代便是文官政治的高度发达期，在这一时期，文官获得了极大的政治发展空间，取得了极高的政治地位，在历史的舞台上发挥着愈益重要的作用。因此，宋代时期的职官法律规定亦是非常完备并值得研究的。当然，一套职官法律制度制定的效果如何，终究要落实到对"人"的考察上，只有通过一个个鲜活的个例，才能真正了解到职官法的运行效果。而透过《武义南宋徐谓礼文书》这一窗口，我们可以揭开研究南宋职官法运行的神秘面纱，从而为进一步考察整个宋朝时期职官法的运行情况提供依据。

一、徐谓礼文书所见南宋职官铨选法的运行

徐谓礼于嘉定十四年（1221 年）五月被授予第一任差遣，仕宦生涯的帷幕由此拉开，其在赴任途中而卒，为官三十余载，由父荫入仕，直接授予京官寄禄官阶，免于选海沉浮。为官期间，不曾任职于高位，多是在地方任职。通过对徐谓礼仕宦履历的分析，可以展现出南宋中后期日益成熟和完备的职官法概况。为更直观地了解徐谓礼的为官经历，特作表 4 如下。

表 4　徐谓礼仕宦生涯简表①

时间	寄禄官阶	职任情况②	职任授予时间③	所授职任到任履职期间④	批书内容⑤
嘉定十四年五月⑥前	承务郎	监临安府粮料院⑨	嘉定十四年五月		嘉定十四年五月 拟注监临安府粮料院
嘉定十五年五月⑦	承奉郎				嘉定十五年十二月 赦恩转官转承奉郎
嘉定十七年十月⑧	承事郎				宝庆元年二月 赦恩转官转承事郎⑩
					宝庆二年九月 保状：洪溥等赴国子监参斋注籍

---

①　数据来自包伟民、郑嘉励编《武义南宋徐谓礼文书》，中华书局，2012。

②　表中把此项列为"职任情况"，并没有按照原作者的"徐谓礼历任差遣"。关于"差遣"还是"职事"的问题，包伟民将其统列为"差遣"。而龚延明则认为，北宋前期由于官、职、差遣分离的局面，职事官没有固定职务，而差遣才为本职，但元丰改制后，官得以正名，形成寄禄官、职事官的官制格局，而差遣官的存在主要是在离京外任的情况下出现。参见龚延明《南宋文官徐谓礼仕履系年考释》，《中国史研究》2015年第 1 期。因此表格中统列为"职任情况"，既包括了徐谓礼所任差遣，亦包括了徐谓礼所充职事官。

③　表中关于"职任授予时间"的界定由"职任情况"项下各内容所得出。

④　表中关于"所授职任到任履职期间"的界定由"职任情况"项下各内容所得出。

⑤　表中关于"批书内容"项下的内容，主要参考原书中关于"录白印纸"中的内容总结。

⑥　参见包伟民、郑嘉励编《武义南宋徐谓礼文书》，中华书局，2012，第 200 页。

⑦　参见包伟民、郑嘉励编《武义南宋徐谓礼文书》，中华书局，2012，第 185 页。

⑧　参见包伟民、郑嘉励编《武义南宋徐谓礼文书》，中华书局，2012，第 186 页。

⑨　参见包伟民、郑嘉励编《武义南宋徐谓礼文书》，中华书局，2012，第 200 页、第 208 页。

⑩　关于嘉定十七年（1224 年）的转官情况，根据原书所录为"进宝赦恩"，陈文龙认为其并非"进宝赦恩"，而是由于皇帝即位赦恩转官，与此相关的宝庆元年二月的录白印纸中也应改为《宝庆元年二月 日皇帝即位赦恩转承事郎》。参见陈文龙《嘉定十七年十月徐谓礼转官非因"进宝赦恩"》，《中华文史论丛》2013 年第 1 期。故而，我们为避免争论的出现，一概写之于"赦恩转官"。且虽然该转官已于嘉定十七年（1224 年）十月二十八日完成，但是由于本项下所列为录白印纸的内容，故而在标题上遵循了录白印纸标题之内容，写作"宝庆元年二月赦恩转官转承事郎"，特此说明。

续表 4

时间	寄禄官阶	职任情况	职任授予时间	所授职任到任履职期间	批书内容
嘉定十七年十月	承事郎	监临安府粮料院		宝庆三年正月至绍定二年二月三日	宝庆三年正月 帮放请给
					宝庆三年二月 到任交割职事讫
					绍定元年三月 保状：宗子赵浣夫陈乞推恩
					绍定二年二月 监临安府粮料院第二考任满并零考
绍定二年七月①	宣义郎	知平江府吴江县丞②	绍定二年五月		绍定二年六月 保状：承务郎杨璪乞就今年铨试
					绍定二年八月 磨勘转官：转宣议郎
			绍定三年正月十二日至绍定五年四月二十六日		绍定三年二月 替文林郎曾揆年满阙，交割职事
					绍定三年二月 保状：乞赴绍定三年尚书吏部铨试
					绍定三年二月 帮放请给
					绍定四年三月 知平江府吴县丞第一考成
					绍定四年四月 保状：陈常武父母保状
					绍定四年五月 保状：承事郎程刚中遇庆寿赦日转官

---

① 参见包伟民、郑嘉励编《武义南宋徐谓礼文书》，中华书局，2012，第187页。

② 参见包伟民、郑嘉励编《武义南宋徐谓礼文书》，中华书局，2012，第200页、第212页。

续表4

时间	寄禄官阶	职任情况	职任授予时间	所授职任到任履职期间	批书内容
绍定四年六月①	宣教郎	知平江府吴江县丞		绍定三年正月十二日至绍定五年四月二十六日	绍定四年八月 赦恩转官：庆寿赦恩转宣教郎
					绍定五年二月 知平江府吴县丞第二考成
		无职任期间		绍定五年五月至端平元年正月	绍定五年五月 知平江府吴县丞零考成
					绍定五年八月 保状：贾涉等保状
					绍定五年八月 保状：将仕郎王灉赴绍定五年铨试
					绍定五年八月 保状：将仕郎王潮赴绍定五年铨试
					绍定五年十二月 保状：迪功郎新温州乐清县主簿赵橹夫合循两资
绍定六年十一月②	通直郎	权知建康府溧阳县③	端平元年三月		端平元年正月 磨勘转官：转通直郎
				端平元年四月二十六日至端平三年十月二日	端平元年五月 替徐耜端平元年三月满阙，已于端平元年四月二十六日到任，交割职事管干讫

---

① 参见包伟民、郑嘉励编《武义南宋徐谓礼文书》，中华书局，2012，第216页。

② 参见包伟民、郑嘉励编《武义南宋徐谓礼文书》，中华书局，2012，第192页、第220页。

③ 参见包伟民、郑嘉励编《武义南宋徐谓礼文书》，中华书局，2012，第201页、第220页。

续表 4

时间	寄禄官阶	职任情况	职任授予时间	所授职任到任履职期间	批书内容
绍定六年十一月	通直郎	权知建康府溧阳县		端平元年四月二十六日至端平三年十月二日	端平元年五月 交割完毕
					端平元年 知溧阳县到任出给供给料历
					端平三年十二月 知溧阳县第一考成
		丁母忧②	端平三年十月二日至嘉熙三年正月一日		嘉熙三年正月 丁母忧服阕从吉
		主管官告院③	嘉熙三年四月	嘉熙三年四月八日到任；嘉熙三年五月二十一日去浙西提刑司，至嘉熙三年六月二十五日解罢	嘉熙三年四月 主管官告院到任
					嘉熙三年七月 主管官告院零考成，差出启发前去浙西提刑司
嘉熙四年正月①	奉议郎	添差通判建昌军④	嘉熙三年八月		嘉熙三年九月 保状：陈巩耕保状
					嘉熙四年正月 磨勘转官：转奉议郎
					嘉熙四年二月 保状：戴衍保状

①　参见包伟民、郑嘉励编《武义南宋徐谓礼文书》，中华书局，2012，第 232 页、第 193 页。

②　参见包伟民、郑嘉励编《武义南宋徐谓礼文书》，中华书局，2012，第 228 页。

③　参见包伟民、郑嘉励编《武义南宋徐谓礼文书》，中华书局，2012，第 201 页、第 229 页。

④　参见包伟民、郑嘉励编《武义南宋徐谓礼文书》，中华书局，2012，第 202 页、第 233 页。

续表4

时间	寄禄官阶	职任情况	职任授予时间	所授职任到任履职期间	批书内容
嘉熙四年正月	奉议郎	添差通判建昌军		嘉熙四年四月十二日至淳祐二年四月十一日	嘉熙四年四月添差通判建昌军到任
					淳祐元年添差通判建昌军第一考成
					淳祐二年四月添差通判建昌军第二考成
		监三省枢密院门兼提辖封桩上库①	淳祐二年七月三日	淳祐二年七月七日至淳祐二年八月二十七日	淳祐二年七月监三省枢密院门兼提辖封桩上库到任
					淳祐二年八月提领左藏封桩库所到任
					淳祐二年九月提领左藏封桩库零考成
					淳祐二年九月提领左藏封桩库所零考成
		主管台州崇道观②	淳祐二年十月二十五日至淳祐四年四月一日		淳祐三年八月保状：林子庶等乞赴两浙转运司收试
					淳祐三年十二月保状：邵弥大等赴淳祐四年省试
					淳祐三年十二月主管台州崇道观第一考成

① 参见包伟民、郑嘉励编《武义南宋徐谓礼文书》，中华书局，2012，第204页、第235页。

② 参见包伟民、郑嘉励编《武义南宋徐谓礼文书》，中华书局，2012，第202页、第239页。

续表4

时间	寄禄官阶	职任情况	职任授予时间	所授职任到任履职期间	批书内容
嘉熙四年正月	奉议郎	权通判建康军③	淳祐四年四月一日		淳祐四年 主管台州崇道观零考成
		浙西两淮发运副使司主管文字④	淳祐四年七月十六日至淳祐六年闰四月		淳祐四年 准敕改授前差遣，浙西两淮发运司主管文字到任
					淳祐四年 帮放请给
淳祐五年正月①	承议郎				淳祐五年 磨勘转官：转承议郎
					淳祐五年七月 浙西两淮发运司主管文字第一考成
					淳祐五年八月 保状：孟文虎保状
					淳祐六年正月 推赏转官：转朝奉郎
淳祐五年十二月②	朝奉郎				淳祐六年闰四月 随司解任
		无职任期间	淳祐六年四月至淳祐六年十月		淳祐六年七月 保状：章斌龙等乞赴两浙转运司收试
					淳祐六年八月 保状：黄伯澄等乞赴两浙转运司收试
					淳祐六年八月 保状：郭天麟乞赴两浙转运司收试保状

①　参见包伟民、郑嘉励编《武义南宋徐谓礼文书》，中华书局，2012，第242页。

②　参见包伟民、郑嘉励编《武义南宋徐谓礼文书》，中华书局，2012，第243页。

③　参见包伟民、郑嘉励编《武义南宋徐谓礼文书》，中华书局，2012，第203页。

④　参见包伟民、郑嘉励编《武义南宋徐谓礼文书》，中华书局，2012，第203页、第241页。

续表4

时间	寄禄官阶	职任情况	职任授予时间	所授职任到任履职期间	批书内容
淳祐五年十二月	朝奉郎	将作监主簿①	淳祐六年十月六日	淳祐六年十月十二日②至淳祐七年十月四日	
					淳祐六年十一月 保状：刘焘孙免解赴淳祐七年省试
					淳祐六年十二月 保状：傅大逵合赴淳祐七年省试
					淳祐六年十二月 保状：何子元合还赴淳祐七年省试
					淳祐六年十二月 保状：包志轼免解赴淳祐七年省试
					淳祐六年十二月 保状：姜埏还赴淳祐七年省试
					淳祐七年正月 保状：薛据等合赴淳祐七年省试
					淳祐七年正月 保状：马世颖赴淳祐七年省试
					淳祐七年正月 保状：倪梦龙赴淳祐七年省试
					淳祐七年正月 保状：贾麟陈乞给据赴省试
					淳祐七年三月 行将作监簿到任
					淳祐七年四月 保状：徐邦度等合赴国子监补试

————————

① 参见包伟民、郑嘉励编《武义南宋徐谓礼文书》，中华书局，2012，第250页。

② 关于淳祐六年（1246年）十月十二日这个日期，在录文中录白印纸第250页写为十二日，而在253页写为二十日；根据图版中录白印纸第九卷图七（第148页）中为十二日，而在录白印纸第九卷图十四（第155页）中为二十日，可能是当时抄录之人所误写。

续表 4

时间	寄禄官阶	职任情况	职任授予时间	所授职任到任履职期间	批书内容
淳祐五年十二月	朝奉郎	将作监主簿		淳祐六年十月十二日至淳祐七年十月四日	淳祐七年四月 保状：上官子直等合赴国子监补试
					淳祐七年四月 保状：杨元泽等合赴国子监补试
淳祐七年四月①	朝散郎				淳祐七年 推赏转官：转朝散郎
淳祐七年十月②	朝请郎	太府寺丞③	淳祐七年十月四日至淳祐七年十二月二十四日		淳祐七年十月 将作监主簿在任历月日
					淳祐七年十一月 保状：黄依龙保状
		权知信州④	淳祐八年二月		淳祐八年正月 太府寺丞在任历月日
					淳祐八年八月 保状：林子勋乞合该初封妻吕氏
					淳祐八年十一月 保状：洪志冲乞大礼荫补长男
				淳祐八年十二月十八日至淳祐十二年六月十一日	淳祐八年十二月 替徐士龙阙，淳祐八年十二月十八日到任
					淳祐九年十二月 知信州第一考成

---

① 参见包伟民、郑嘉励编《武义南宋徐谓礼文书》，中华书局，2012，第 194 页、第 252 页。

② 参见包伟民、郑嘉励编《武义南宋徐谓礼文书》，中华书局，2012，第 195 页。

③ 参见包伟民、郑嘉励编《武义南宋徐谓礼文书》，中华书局，2012，第 253 页。

④ 参见包伟民、郑嘉励编《武义南宋徐谓礼文书》，中华书局，2012，第 255 页、第 257 页。

续表4

时间	寄禄官阶	职任情况	职任授予时间	所授职任到任履职期间	批书内容
淳祐十年九月①	朝奉大夫	权知信州	淳祐八年十二月十八日至淳祐十二年六月十一日	淳祐十年十二月知信州第二考成
淳祐十年十二月②	朝散大夫			淳祐十一年二月磨勘转官：转朝散大夫
				淳祐十一年十二月知信州第三考成
		福建市舶兼知泉州③	淳祐十二年	淳祐十二年六月知信州零考成

通过表4所反映的徐谓礼的为官履历，可以看到南宋职官叙迁与关升的具体施行情况。

（一）叙迁

其一，是有关于选人循资的问题。根据沈家本所撰的《历代刑法考》中记载："（绍定）四年正月，皇太后年七十有五，上诣慈明殿行庆寿礼，大赦。"④ 即绍定四年（1231 年）正月，为庆祝皇太后七十五岁生日，大赦。可知在录白印纸第23 则中所记录的徐谓礼为赵櫄夫所出具的合循两资的保状⑤，是受该庆寿之礼大赦的影响。而此次循资并不是按照以年资为标准的循资方法，可见在古代，皇家之事是要举国同庆、举国同沐恩泽的，也是可以超脱和打破法律以及制度性规定的。

---

① 参见包伟民、郑嘉励编《武义南宋徐谓礼文书》，中华书局，2012，第 261 页。
② 参见包伟民、郑嘉励编《武义南宋徐谓礼文书》，中华书局，2012，第 261 页。
③ 参见包伟民、郑嘉励编《武义南宋徐谓礼文书》，中华书局，2012，第 265 页。
④ 沈家本：《历代刑法考》，邓经元、骈宇骞点校，中华书局，1985，第 636 页。
⑤ 参见包伟民、郑嘉励编《武义南宋徐谓礼文书》，中华书局，2012，第 220 页。

其二，是有关于京朝官磨勘转官的问题。根据表4所列，徐谓礼在三十余载的仕宦生涯中，有十二次转官的经历，最后迁至朝官十八阶的朝散大夫，这对于一个以荫补入仕的中下级文官来说，不能算多，亦不能为少，也算一个中等水平。在他的十二次转官过程之中，除下初授承务郎不算，一共有六次最为常规的磨勘转官，三次受不同情况下的皇帝赦恩转官，三次因课绩突出而转官。

首先是磨勘转官。因磨勘而转官是京朝官迁转官阶最为普遍的方式，也是最能惠及绝大部分官员的一种转官方式，它使绝大部分政绩平平、毫无贡献却又没有重大过错的官员得以在任期之内迁转官阶，由于两宋的寄禄官阶与官员的政治待遇息息相关，故而这种转官方式也满足和保障了官员的基本生活，稳定了臣心。根据元丰三年（1080年）的规定："承务郎以上，四年迁一官，至朝请大夫止。"[①] 纵观徐谓礼一生的磨勘转官时间，嘉定十七年（1224年）经进宝赦恩，转官为承事郎后，至绍定二年（1229年）八月磨勘转为宣义郎；绍定四年（1231年）经庆寿赦恩，转官为宣教郎后，至绍定六年（1233年）磨勘转为通直郎；至嘉熙四年（1240年）磨勘转为奉议郎；至淳祐五年（1245年）磨勘转为承议郎；中间经两次推赏转官后至淳祐七年（1247年）磨勘转为朝请郎；中间因课绩突出转官后至淳祐十年（1250年）磨勘转为朝散大夫。从他的转官时间上计算，可以发现，一来，徐谓礼的磨勘转官年限大体相沿北宋元丰年间所定之旧制，其中由于徐谓礼自端平三年（1236年）十月至嘉熙三年（1239年）正月丁母忧，故而自通直郎转至奉议郎所用时间实为六年之多。二来，在磨勘转官过程之中又兼之以赦恩、推赏以及课绩突出而受到的转官，但是这些转官并没有影响磨勘转官的年限，这种不计入磨勘常规年限

---

① 李焘：《续资治通鉴长编》卷三百八，上海师范大学古籍整理研究所、华东师范大学古籍整理研究所点校，中华书局，2004，第7483页。

的做法一方面可以有效激发官员的干事积极性，凭借在差遣职任中的突出表现而获得肯定，从而可以打破磨勘正常年限的束缚，超常规转官；另一方面彰显了帝王的用人策略和手段，利用赦恩的方式打破常规，笼络臣心，虽有法律条文规定，但帝王仍然可以根据自己的喜好而使官员官阶得以迁转。

其次是皇帝赦恩转官。徐谓礼一生共经历了三次赦恩转官。在《历代刑法考》中有对此三次大赦的记载："（宁宗嘉定）十五年正月，以受宝，大赦。……（理宗）嘉定十七年，嗣位，大赦。……（绍定）四年正月，皇太后年七十有五，上诣慈明殿行庆寿礼，大赦。"① 且根据《宋史》中所载宁宗嘉定十五年（1222 年）的诏令："以受宝大赦，文武官各进秩一级。"② 正好对照徐谓礼在该年由承务郎转官一级至承奉郎。嘉定十七年（1224 年），理宗即位发布赦文："可大赦天下。"③ 可推断，徐谓礼在新皇即位之时遇赦恩而转官，这也是情理之中的。绍定四年（1231 年）因皇太后庆寿而大赦天下，颁布诏令："史弥远以下进秩有差。"④ 故而徐谓礼因此得以从宣义郎转至宣教郎。同时期，根据录白印纸第 16 则所载，徐谓礼担保的程刚中也是因绍定四年（1231 年）的庆寿赦恩而得以陈乞转官的。⑤ 由此可以看出，两宋官员转官亦可受到皇帝赦恩因素的影响，正如前文所分析的，这种突破常规磨勘年限的方式体现了皇帝的用人权。中国古代是一种"家天下"的社会，帝王之喜事可普天同庆，故而无论是进宝、嗣位还是庆寿，都是天下之喜事、大事，所以百官同贺，而这种大赦天下的方式一定程度上也彰显了一种帝王气度，进一步抬升了皇权地位，

---

① 沈家本：《历代刑法考》，邓经元、骈宇骞点校，中华书局，1985，第 636 页。

② 脱脱等：《宋史》卷四十，中华书局，1985，第 778 页。

③ 《宋史全文》卷三十一，汪圣铎点校，中华书局，2016，第 2614 页。

④ 脱脱等：《宋史》卷四十一，中华书局，1985，第 794 页。

⑤ 参见包伟民、郑嘉励编《武义南宋徐谓礼文书》，中华书局，2012，第 215 页。

有利于加深臣民的认同感和向心力。

最后是课绩突出转官。徐谓礼共有三次因课绩突出而转官，前两次分别记载于录文中录白印纸第 51 则①、第 69 则②以及录白告身第 9 则③，因和籴有功而连升两级。第三次是录文中录白印纸第 78 则④。上述三次转官都是由于徐谓礼在任职过程之中有突出课绩而得以突破常规磨勘年限，升迁官阶的。一来说明至南宋中后期考课法依然发挥着作用，而不是全然被置之不理；二来表明南宋财政危机严重，对官员的考核越发向经济方向倾斜，徐谓礼以和籴有功而被赏以转官之优待就可说明。

（二）关升

关升中有两个问题值得关注：一是资序；二是关升途径。

其一，资序。两宋将中下级文资官员的资序分为亲民资序和监当资序两种。将官员严格区分资序，既体现了一以贯之地对出身的看重，亦表明了朝廷对州县亲民之职任的重视。根据《吏部条法·关升门》中的规定：

> 应奏补出身致仕恩泽，并吏职军班，及诸色出身人，陈乞关升者，在法合要两任实及七年。（三任六年者准上法。）年三十以上，到部内须历四考名色差遣，并监当差遣二考，共及六考，许关升亲民。⑤

可见，以荫补入仕者的初任必须先经监当资序后，在满足考任数、年

①　参见包伟民、郑嘉励编《武义南宋徐谓礼文书》，中华书局，2012，第 243 页。
②　参见包伟民、郑嘉励编《武义南宋徐谓礼文书》，中华书局，2012，第 252 页。
③　参见包伟民、郑嘉励编《武义南宋徐谓礼文书》，中华书局，2012，第 194 页。
④　参见包伟民、郑嘉励编《武义南宋徐谓礼文书》，中华书局，2012，第 262 页。
⑤　《吏部条法》，刘笃才点校，载杨一凡、田涛主编《中国珍稀法律典籍续编》第二册，黑龙江人民出版社，2002，第 293 页。

龄等诸多因素后方可关升亲民资序。纵观徐谓礼的初仕生涯，嘉定十四年（1221 年）徐谓礼的第一任差遣①就属于监当资序，正符合法律条文之规定。

由此可见，至南宋对于官员资序的界定依然是十分严格的，这种对出身有无的界定和限制性条文也是科举制得以较大发展的原因之一。而由于大多数以荫补入仕者的才学和能力远低于科举入仕之人，故而先使他们经监当资序而获得差遣得以历练，也是对治下百姓的负责。

其二，关升途径。以下为文彦博上书的《奏除改旧制》中对于"常调""出常调"的划分：

> 吏部选人，两任亲民，有举主，升通判。通判两任满，有举主，升知州军。自此巳上叙升，今谓之常调。知州军有绩效，或有举荐，名实相副者，特擢升转运使、副、判官或提点刑狱省府推、判官，今谓之出常调。②

结合徐谓礼所任差遣而言，基本上是符合一个到部正常参选的常调官员的常态的。

（三）差遣制的施行

纵观徐谓礼所获得的共计十三次职任，其中有祠禄官，有职事官，亦有差遣。③

---

① 史载，"监临安府粮料院，兼装卸纲运，兼监镇城仓"。参见包伟民、郑嘉励编《武义南宋徐谓礼文书》，中华书局，2012，第 206 页。

② 文彦博：《文彦博集校注》卷二九，申利校注，中华书局，2016，第 789 页。

③ 主管台州崇道观是祠禄官，而将作监主簿、太府寺丞则为职事官，诸如监临安府粮料院、知平江府吴江县丞等则为差遣。参见龚延明《南宋文官徐谓礼仕履系年考释》，《中国史研究》2015 年第 1 期。

其一，职事官。关于将作监主簿，根据录白印纸第 65 则①、第 69 则②和第 70 则③中所载，可看到"行"将作监主簿以及"除"为将作监主簿的字词。根据对"行""守""试"的规定④，将作监主簿为从八品，当时的徐谓礼寄禄官阶为朝散郎，正七品，因此授予徐谓礼的职事官当为"行将作监主簿"。这也就进一步印证了将作监主簿为职事官。而在授命徐谓礼担任将作监主簿时，所用之行文为"除"，有别于"差"，此也为证明。而关于太府寺丞亦是如此，在录文中录白告身第 10 则⑤、第 11 则⑥中有"授"太府寺丞和"行"太府寺丞的字词，亦是证明了太府寺丞是为职事官的依据。

其二，差遣。元丰改制后，虽然本官得以正名，但是差遣仍然存在，尤其是在地方外任职事之中。在录文中无论是录白告身还是录白印纸中都含有大量"差"或"差遣"字样⑦，在此不一一列举。可见这些差遣之职多为外任，并且还可看到自北宋时就有的权知县、权知州⑧，亦可看出至南宋中后期，这种对职官防范的意识仍然存在，以中央官员出领外任，且权不任久的形式也依然得以保留。

其三，寄禄官与职事官（外任为差遣）之间的关系。自元丰改制之后，寄禄官和职事官各自形成了上升途径，二者相互独立却又互相影响，

① 参见包伟民、郑嘉励编《武义南宋徐谓礼文书》，中华书局，2012，第 250 页。
② 参见包伟民、郑嘉励编《武义南宋徐谓礼文书》，中华书局，2012，第 252 页。
③ 参见包伟民、郑嘉励编《武义南宋徐谓礼文书》，中华书局，2012，第 253 页。
④ 史载，"除授职事官，并以寄禄官品高下为法：凡高一品以上者为行，下一品者为守，二品以下者为试，品同者不用行、守、试"。参见脱脱等撰《宋史》卷一百五十八，中华书局，1985，第 3708 页。
⑤ 参见包伟民、郑嘉励编《武义南宋徐谓礼文书》，中华书局，2012，第 195 页。
⑥ 参见包伟民、郑嘉励编《武义南宋徐谓礼文书》，中华书局，2012，第 196 页。
⑦ 比如"宜差……""新差……""敕……差遣"等。参见包伟民、郑嘉励编《武义南宋徐谓礼文书》，中华书局，2012，第 200 页、第 187 页、第 241 页。
⑧ 诸如权知建康府的溧阳县、权知信州军州事之差遣等。

现作以简要说明。

我们将《武义南宋徐谓礼文书》一书的录白告身中明确注明"差遣"二字的内容摘录如下——

> 《嘉定十五年五月二十三日授承奉郎告》：右可特授承奉郎，差遣如故。
>
> 《嘉定十七年十月二十八日授承事郎告》：右可特授承事郎，差遣如故。
>
> 《绍定二年七月二十六日转宣义郎告》：尚书吏部；磨勘到承事郎新差知平江府吴县丞徐谓礼；右一人，拟转宣义郎，差遣如故。
>
> 《淳祐五年正月十九日转承议郎告》：右一人，拟转承议郎，差遣如故。
>
> 《淳祐五年十二月二十六日授朝奉郎告》：一等为员外郎。……差遣如故。
>
> 《绍定四年六月二十六日授宣教郎告》：宣义郎知平府吴县丞徐谓礼；右可特授宣教郎，差遣如故。
>
> 《嘉熙四年正月十一日转奉议郎告》：右一人，拟转奉议郎，差遣如故。[1]

通过以上七则告身我们可以发现，均有"差遣如故"之字样，徐谓礼的转官和所任职事并不是一一对应的关系，可见有时候官阶迁转并不一定改变职事，而职事改变的时候并不一定会迁转官阶。此外，在徐谓礼初授为承务郎到转官至承事郎期间，虽然寄禄官阶得以迁转，但是他在宝庆三

---

[1] 参见包伟民、郑嘉励编《武义南宋徐谓礼文书》，中华书局，2012，第185页、第186页、第187页、第188页、第189—190页、第191页、第193页。

年（1227年）正月之前并没有实际到任履职，可见官阶的迁转并不受官员所担职任是否真正到任的影响。当然，官阶与职事亦有相互影响的一面，从徐谓礼的三次因课绩突出而转官的情况中可以发现，因和籴有功和职事修举而转官就是所任职事影响了官阶迁转的一种表现。

（四）员与阙的问题

受各种因素的影响，困扰两宋的官冗问题始终存在，且员与阙的矛盾日益激化。这里所谓的员主要是指以各种途径入仕为官之总人数。虽然两宋一直试图缩减荫补等入仕之员，但这种努力和尝试始终徘徊在浅尝辄止的程度。而阙则是在现实的具体政府部门的职位阙额，虽然随着立国日久，政事日益繁多，所需官员和职位也日益增多，但远未能达到满足更多的员的需求，尤其至宋廷南迁，国土范围急剧减缩，员与阙的矛盾较之北宋更为严重，故而如何处理好、解决好员与阙的问题，是稳定职官群体的关键之一。

其一，阙。在录文中，有不少关于"阙"的描述，详见表5。

表5　徐谓礼注拟差遣与替阙情况

差遣情况	替阙情况
监临安府粮料院兼装卸纲运兼监镇城仓	替蒋杞将来到任成资阙①
知平江府吴江县丞	替曾搉绍定二年十二月满阙②
权知建康府溧阳县主管劝农营田公事兼弓手寨兵军正	替徐耜端平元年三月满阙③
添差通判建昌军兼管内劝农营田事	替汤巾阙④

---

① 参见包伟民、郑嘉励编《武义南宋徐谓礼文书》，中华书局，2012，第200页。
② 参见包伟民、郑嘉励编《武义南宋徐谓礼文书》，中华书局，2012，第200页。
③ 参见包伟民、郑嘉励编《武义南宋徐谓礼文书》，中华书局，2012，第201页。
④ 参见包伟民、郑嘉励编《武义南宋徐谓礼文书》，中华书局，2012，第202页。

续表5

差遣情况	替阙情况
权通判建康军府兼管内劝农营田事	替赵时俦阙①
改差充两浙西路两淮发运副使司主管文字	填见阙②
权知信州军州兼管内劝农营田事	替徐士龙阙③

从表5中可以发现，徐谓礼所任临安府粮料院是替蒋杞之成资阙，自嘉定十四年（1221年）五月被授予差遣到宝庆三年（1227年）到任交割职事，经历了数年时间，待阙时间不可谓不长，由于成资阙一般两年到阙，可以想见此时的蒋杞应该也在待阙之中，从"将来"二字亦可推断。无独有偶，《鸡肋编》中所载一"趣事"亦可印证，洪拟与待阙于平江府通判两年的梁弁是故交好友，由于洪拟之子光祖又在梁弁之后待阙，故而洪拟四处请托，为梁弁又谋得一处差遣，但又需待阙三载，正所谓"远井近渴"④ 也。可以想见南宋员阙问题之严重。

在徐谓礼自绍定二年（1229年）被授予吴江县丞之后，又经历了近八个月的待阙时间才得以赴任，所替的是文林郎曾撰的是年满阙。而在此任之后，徐谓礼经历了从绍定五年（1232年）至端平元年（1234年）近两年的等待时间，无具体职任。而自端平元年（1234年）三月被授予溧阳知县后，待阙时间就开始缩短了，甚至有时无须待阙即可直接赴任，这也与徐谓礼资序的上升有关。

总的来说，到任即出阙情况的出现虽然并不是官员铨选的一种正常现

---

① 参见包伟民、郑嘉励编《武义南宋徐谓礼文书》，中华书局，2012，第203页。
② 参见包伟民、郑嘉励编《武义南宋徐谓礼文书》，中华书局，2012，第204页。
③ 参见包伟民、郑嘉励编《武义南宋徐谓礼文书》，中华书局，2012，第204—205页。
④ 庄绰：《鸡肋编》卷中，萧鲁阳点校，中华书局，1983，第74页。

象，却将全国范围内存在的员阙矛盾集中于铨司统一解决。这种方式虽然增加了铨司的压力，但把矛盾集中了起来不易形成多股反对势力，并且这种到任出阙的方式给予待阙之官以希望，使他们在看似已是渺茫的仕宦生涯中窥得一丝希望的曙光，而这一束希望之光不仅照亮了大批中下层官员的仕进之路，也给予他们心灵上的慰藉，正是这种慰藉使得员阙矛盾异常严重的两宋平稳了政治局面，稳固了政治基础。当然这种方式无异于饮鸩止渴、舍本逐末，并没有解决根本问题。

其二，添差。虽然地方添差官最初的产生是为应对神宗期间的变法之需，之后随着各个时期所面临的政治环境的不同，添差官的性质变得极为复杂。添差，顾名思义是在官员的规定员额之外的又一设置，在员额过多无法安置的情况下，解决了部分官员的任职需求。《武义南宋徐谓礼文书》的添差官中，嘉熙三年（1239 年）八月，徐谓礼以"仍厘务"[1]，注拟通判建昌军，是为添差，这种对添差官是否厘务的性质区分始自徽宗朝，即添差官本是不能理政事的，但若允许该官员干预政事，则为"仍厘务"[2]。此外，一些印纸批书中的签押官员也是添差官，如"通直郎特添差通判军州兼管内劝农事林""朝散郎特添差通判军州兼管内劝农事李""朝散郎特添差通判军府事赵""承议郎特添差通判临安军府事王""奉议郎特添差通判平江军府事项""奉议郎添差通判建昌军兼管内劝农营田事徐""宣教郎直秘阁特添差签书节度判官厅公事赵""朝奉郎特添差通判临安军府事韩""宣教郎添差通判军州兼管内劝农事郑""承议郎添差通判信州军州兼管内劝农营田事李"。[3] 可见，至南宋中后期添差官的现象已是非常普遍的了。

---

① 参见包伟民、郑嘉励编《武义南宋徐谓礼文书》，中华书局，2012，第 202 页。
② 赵升编：《朝野类要》卷第三，王瑞来点校，中华书局，2007，第 77 页。
③ 参见包伟民、郑嘉励编《武义南宋徐谓礼文书》，中华书局，2012，第 207 页、第 208 页、第 210 页、第 215 页、第 233 页、第 239 页、第 256 页、第 261 页。

总的来说，添差官作为正员之额外的官员，虽然在一定程度上解决了部分官员的阙额问题，但是也带来了更多数量的冗官，而这些冗官的数额至南宋又呈继续扩大的趋势，这无异于对国家财政支出提出了更为严峻的挑战。

二、从徐谓礼权知信州期间的荐举行为，看有关荐举的法律条文的实施情况

徐谓礼在权知信州期间荐举的主要类别为改官、关升、升陟、特举、举廉、举所知。其中荐举官员改官、关升、升陟在《庆元条法事类》和《吏部条法》中都有详细的法律规定，而特荐、举廉、举所知则相对来说没有太多的法律限制性规定。

其一，改官。荐举改官主要是针对选人而言的，选人改官意味着从此跻身京朝官序列，待遇和上升途径及速度都会得到根本性的改变和提升。故而选人改官的要求相较于京朝官转官来说是非常严格的，对举主是否"在任"、所担"职任"以及是不是"职司"都有相应的规定。我们是否可以推测，徐谓礼在第二考之中只荐举改官一人，有别于第一考和第三考，是否就是因为南宋时期对于举主的要求依然没有放松，故而不是随便一个人都能满足担任举主条件的，也不是随便一个人都符合改官条件的。

其二，关升与升陟。无论是选人还是京朝官，都需要关升一定的资序，符合所任差遣的资序要求，方可获取差遣职任。故而在徐谓礼的荐举中可看见与此相关的三种荐举情形①。

---

① "从事郎以上任使""举充县令任使""举充朝请大夫以下升陟任使"，参见包伟民、郑嘉励编《武义南宋徐谓礼文书》，中华书局，2012，第259页。

此外，《庆元条法事类》① 中有关于改官、关升和升陟的荐举状格式，在这三则荐举状中可以看出，在荐举的过程之中，对于荐举状的格式要求是很严的，需要按规定格式书写举状，并且这三则荐举状有三个共同点：

一是如果所举之人在被朝廷擢用之后犯入己赃罪，则举主与被荐举者同罪。

二是回避原则的渗透，荐举者要注明被荐举人在朝是否有亲属做官，且已所居何官。

三是限制举主荐举员数，举主须在举状中说明所举之人是今年荐举第几人，且注明已经荐举之人的情况。

这些共同点说明：一来由于举主是朝廷了解被荐举者最直观且最有效、快捷、方便的途径之一，故而对于举主的要求就要非常严格，以此控制荐举的源头不腐坏，从而保证荐举的质量；二来详细了解被荐举人的身份以及亲属情况，有利于在任官的时候做到任职回避，也不易形成朋党势力，有利于维护整个政权统治基础的稳固。

其三，特举、举廉、举所知。这三类荐举相较于前面三种而言，相对来说没有那么严格的限制。

特举在徐谓礼的批书印纸中主要体现为这四种表达方式②。举廉则主要体现为荐举廉吏，根据嘉定六年（1213 年）的规定③，身为知州的徐谓

---

① 详见《庆元条法事类》卷第十四《选举门一·改官关升》《选举门一·升陟》，分别为"举承直郎以下改官及从政郎以下充从事郎以上状""举迪功郎充县令状""举朝请大夫以下充升陟任使状"。参见谢深甫等修：《庆元条法事类》，戴建国点校，载杨一凡、田涛主编《中国珍稀法律典籍续编》，黑龙江人民出版社，2002，第297—298、302—303 页。

② 这四种表达方式为"举乞赐旌擢""特举乞赐擢用""特举乞赐甄擢""特举乞赐升陟"。参见包伟民、郑嘉励编《武义南宋徐谓礼文书》，中华书局，2012，第259、261、264 页。

③ 嘉定六年（1213 年）规定"复监司臧否守令及监司、郡守举廉吏所知法"。参见《宋史全文》卷三十，汪圣铎点校，中华书局，2016，第2561 页。

礼是具有荐举廉吏资格的。

总的来说，特举、举廉和举所知的共同点为：一是以觅遗才、奇才为初衷。因磨勘的渗入，资格之法体现在铨选的各个环节之中，贤愚并进的现象非常严重，以特举等这三种方式荐举人才，体现了破格用人的宗旨。二是对荐举内容限制少。在这类荐举之中，举主和被荐举人的身份、资序等条件并不是主要参考依据，并且由于这类荐举主要参考的是被荐举人的实际才能、治事才干和任事课绩，因而荐举状的书写就要在此方面有所着重描述，而不是书写格式化、形式化明显的荐举状。三是荐举后的任职、升陟情况具有不确定性。从徐谓礼批书印纸中所载，特举、举廉和举所知的荐举内容并不像荐举改官、关升和升陟那样有明确指定的内容，这也增加了被荐举人的不确定性。四是易形成荐举冗滥。由于此三种荐举形式对于荐举主体的要求并不严格，尤其是特举更是没有员额要求，故而极易形成荐举冗滥的局面。

第四章

由唐至宋，职官考课法的主要变化及原因

考课，是对职官在任期间的劳绩的考察，也是一种过程性的监督和制约，通过对职官的考课，不仅能够倒逼职官安于职守，还能够时刻使职官处于皇权的监视之下。由唐至宋，对职官的考课发生了诸多变化，这些变化体现着职官职能的转变，管理职官模式的转变，渗透着君主治吏思路的转变。当然，这种转变也不是毫无渊源可寻的，是在一脉相承中，又增加了赵宋王朝的基因。

第一节　由唐至宋，职官考课法的主要变化

一、考课机构的变化

唐初，由皇帝亲自派往各州察访的特使同时也兼有主持地方官员考课的责任和权力，这些特使对于地方政治的干预也表明唐初期集权于中央的强化，然而至中、晚唐时期，随着中央对地方的掌控力逐渐减弱，这些特使的职能也逐渐演化为对地方经济和财政收缴情况的巡察，地方官员的黜陟升降逐渐被节度使等官员操控，中央朝廷渐渐失去了与地方藩镇势力抗

衡的力量。唐时，根据被考核官员的不同，考课主要分为五个等级①，也就是说三品以上的京官以及都督、刺史、节度使等都是由皇帝亲自负责考校的，而四品以上官员则由本司（对于京官而言）或本州（对于外官而言）负责考校，最后统一汇集于吏部。另外，唐朝还设有监校官总体掌握和监督全国范围内官员的考课情况，监校官共设置四人，其中有两人任监考使，分别监考京官与外官；有两人任校考使，分别校考京官和外官。这种派监校官负责检覆的手段和方式体现了唐代考课设置中的制衡。

宋初，虽因循唐制，但是考功司的地位和作用不复从前，直到神宗改革官制，考功司才得以恢复职能。这是因为，宋初基于分割事权的需要，在机构设置上叠床架屋，考课机构亦是如此。

比较唐、宋考课机构可以发现，两宋时期的考课机构呈现出复杂性和多变性。其复杂性体现在考课机构众多，且互不隶属，互相牵制，分割事权；多变性体现在考课机构几经变动，废罢。而这种复杂性和多变性的根源在于防范和集权，以事权的分化达到防范官员的效果，同时上收考课百官的权力，加强中央对百官的控制权，以期达到强化中央集权的效果。

二、考课评判标准和等级划分的变化

唐朝以"四善"和"二十七最"作为评价官员治绩的标准：

> 流内之官，叙以四善：一曰德义有闻，二曰清慎明著，三曰公平可称，四曰恪勤匪懈。善状之外有二十七最：一曰献可替否，拾遗补阙，为近侍之最；二曰铨衡人物，擢尽才良，为选司之最；三曰扬清激浊，褒贬必当，为考校之最；四曰礼制仪式，

---

① 参见欧阳修、宋祁《新唐书》卷四十六，中华书局，1975，第1191—1192页。

动合经典，为礼官之最；五曰音律克谐，不失节奏，为乐官之最；六曰决断不滞，与夺合理，为判事之最；七曰部统有方，警守无失，为宿卫之最；八曰兵士调习，戎装充备，为督领之最；九曰推鞫得情，处断平允，为法官之最；十曰雠校精审，明于刊定，为校正之最；十一曰承旨敷奏，吐纳明敏，为宣纳之最；十二曰训导有方，生徒充业，为学官之最；十三曰赏罚严明，攻战必胜，为军将之最；十四曰礼义兴行，肃清所部，为政教之最；十五曰详录典正，词理兼举，为文史之最；十六曰访察精审，弹举必当，为纠正之最；十七曰明于勘覆，稽失无隐，为句检之最；十八曰职事修理，供承强济，为监掌之最；十九曰功课皆充，丁匠无怨，为役使之最；二十曰耕耨以时，收获成课，为屯官之最；二十一曰谨于盖藏，明于出纳，为仓库之最；二十二曰推步盈虚，究理精密，为历官之最；二十三曰占候医卜，效验多者，为方术之最；二十四曰检察有方，行旅无壅，为关津之最；二十五曰市廛弗扰，奸滥不行，为市司之最；二十六曰牧养肥硕，蕃息孳多，为牧官之最；二十七曰边境清肃，城隍修理，为镇防之最。①

其中"四善"主要用以评定百官品格，"二十七最"则是根据不同职任特点有针对性地评价官员的治事能力。同时，又将对官员的考核标准划

① "四善""二十七最"的主要内容参见欧阳修、宋祁《新唐书》卷四十六，中华书局，1975，第1190—1191页。

分为九个等级①。其中"二十七最"的内容较为空泛，赋予主考官员非常大的"临时量定"②之权。

在两宋考课之法中，我们可以清楚地看到唐代考课之法的影子。受唐"四善""二十七最"之影响，两宋时期亦以"善"和"最"为标准考察百官。然而这种继承绝不是简单的照抄照搬，而是在唐代空洞的标准之下，依据国情和被考核官员的实际职任的要求而不断修改和完善的。其中"四善"的内容相沿未改，关于"最"的评定则从限缩主考官自主裁定权的角度出发，更加具体而客观。有从"七事考监司"到"十五事考校监司"③；亦有从"四善三最"考校守令到"四善四最"考课州县之官，考课内容不断完善，体现出因时而变的特点。虽然并没有废弃按照等级制考核官员的方式，但是真正被广泛适用的不仅有三等划分之制，又增优、劣二等。

比较唐、宋考课评判标准和等级划分我们可以发现，两宋时期的考课评判标准更具有操作性，内容也更加详细和全面。相较于唐朝主考官员拥有较大的裁量权而言，两宋时期的主考官员大多须按法律条文内的规定评定，限制了官员的自主性，将所有考核规定都尽可能地统一在一定的框架之内，呈现出事无巨细、百无遗漏的特点。这其实是变相地收夺了官员的考察权限，起到了防范百官、集权中央的效果。同时，虽然两宋时期依然保存下来了对官员的考课等级的划分标准，但在具体执行之中，官员大多

---

① 史载，"一最以上，有四善，为上上。一最以上，有三善，或无最而有四善，为上中。一最以上，有二善，或无最而有三善，为上下。一最以上，而有一善，或无最而有二善，为中上。一最以上，或无最而有一善，为中中。职事粗理，善最不闻，为中下。爱憎任情，处断乖理，为下上。背公向私，职务废阙，为下中。居官谄诈，贪浊有状，为下下"。参见刘昫等《旧唐书》卷四十三，中华书局，1975，第1824页。

② 刘昫等：《旧唐书》卷四十三，中华书局，1975，第1824页。

③ 脱脱等：《宋史》卷一百六十，中华书局，1985，第3763页。

是中考，这与磨勘法逐渐渗入考课之中是有很大关系的，而这种深入亦是出于防范百官的需要。

三、磨勘、历纸之制获得重要发展，职官年资备受重视

两宋时期磨勘法的渗入和对于官员年资的重视，与唐中后期《循资格》的兴起是分不开的，然而宋廷对于官员资序的划分比唐朝更为细密和严谨，这种倾向性使官员考课的重视方向开始发生了偏转，由重视课绩转变为重视年劳资历的审查，因此磨勘法得以在两宋时期空前发展，演变为考课的另一种形态。这种演变与大力加强中央集权统治是分不开的。宋廷将地方之权尽收中央，人事权高度集中于朝廷之中，形成了严密的考课之法："监司察郡守，郡守察县令，各以时上其殿最，又命朝臣专督治之，考课之方密矣。"[①] 这种金字塔式的权力结构体系的建立使中央集权得以空前强化，但是随之而来的是大量官员集中于朝廷之中等待注拟，这就无形之中加大了吏部的工作量，而吏部官员对于大多数的基层官员是不甚了解的，所以依靠文字资料的审核来进行评判不失为一种相对公平之选。这种依据资历和审核材料而考课的方式，被范仲淹大为驳斥，史料记载："今文资三年一迁，武职五年一迁，谓之磨勘。不限内外，不问劳逸，贤不肖并进，此岂黜陟幽明之意耶？"[②] 虽然贤愚并进的考课方式有其弊端，但不失为缓解员阙矛盾、稳固政权的一种选择。

与磨勘相适应的历纸之制，是宋廷用以全面具体掌握官员职任课绩的一种重要手段，这种在官员上任之初发给历纸，在职任内由相关主司批书课绩功过、考词，满任后交由朝廷评定等级政绩的方式，将官员的治绩文

① 脱脱等：《宋史》卷四百二十六，中华书局，1985，第 12691 页。

② 李焘：《续资治通鉴长编》卷一百四十三，上海师范大学古籍整理研究所、华东师范大学古籍整理研究所点校，中华书局，2004，第 3431 页。

字化、纸质化。在"命官批书印纸"① 中，对于官员应批于历纸之上的内容要求是非常详尽和细密的，这是因为职官注拟升陟大多要依靠批书中的内容定量功过，而规范化的内容设计不仅便于铨司审核，更有利于强化中央对百官的管理，故而印纸历子的设计是赵宋君主在加强职官管理中的又一革新之举。

四、对考课结果中形迹恶劣官员的处罚往往失于宽贷

宋廷对百官的优遇可谓毫无"底线"，甚至在对考课结果之中形迹恶劣的官员，往往处罚也是过于宽贷的，因此也埋下了治官不严的祸根。在《名公书判清明集》中有很多这样的例子，许多官员在经考察后，已经被主考官明显发觉不适合再堪职任，但也只是或被对移或被暂代，没有被轻易罢免者。② 对官员的惩罚力度之轻可谓至此！这种对官员处罚宽贷的做法，虽然显示了优待官员之意，但无疑助长了官员慢待课绩，甚至无视课绩的不良风气，考课之制不立，吏治败坏也是必然了。

第二节　由唐至宋，引起职官考课变化的原因分析

考课作为管理职官的重要手段，由唐至宋，考课之法发生了诸多变化，而产生这些变化的原因有如下三点。

---

① 谢深甫等修：《庆元条法事类》，戴建国点校，载杨一凡、田涛主编《中国珍稀法律典籍续编》第一册，黑龙江人民出版社，2002，第85—92页。
② 参见《名公书判清明集》卷之二《官吏门》，中国社会科学院历史研究所宋辽金元史研究室点校，中华书局，1987，第39—40页。

一、以防范职官为要

两宋职官法在制定之初，紧紧围绕着强化中央集权和对职官的防范而设计，而这种防范和强化中央集权也深深渗透于考课之法中，这是唐制所不及的。由于在唐朝时期，地方节度使握有相当大的人事管理权，不仅拥有考课属下之官治绩的权力，更可以不经中央而直接黜陟赏罚。在地方职官眼中，只有节度使等行政长官，而无中央朝廷，无唐皇。因此中央逐渐失去了地方的管理权，地方离心力逐渐增强。同时，唐朝时期负责考课的机构呈现出一元化倾向，这就极易形成考课权力的垄断，不易于皇帝控制。此外，由于主考官有比较大的自由裁量权，在评定职官课绩的时候，可能更多地掺有主观性因素，这就为考课舞弊行为提供了生存土壤。至两宋时期，为加强对职官，尤其是地方官员的控制，分散考课机构和主考官员的权力，在职官法的制定中，格外注意将考课权上收中央、细化职官考课内容等方面。

二、职官数量激增

两宋时期由于大兴科举，广聚人才，再加上官、职、差遣分授之形成，使得职官数额空前庞大，这是唐朝所未及的。当考课机构和主考官员面临如此多数量的待考官员的时候，只有将职官政绩以数据化、规范化的形式呈现在主考官面前，尽可能地去除掉主观性因素，才能保证评价更为公正、客观。同时在这些以科举入仕的人群中，又以寒士居多，这些人本无强大背景，主观上就会强烈要求量化考课指标，使他们能够有所参照，有所对应。

三、历史因素

由于宋廷建立在复杂的政治环境下，深感唐末五代之乱对国家所造成的不利影响，因此对职官的要求已经在悄然之间发生了变化，如果说唐朝时期对职官考课的侧重点在行政履职情况的话，那么宋廷对职官考课的侧重点则在于听话和忠诚。因此，两宋考课之法虽有多重评定标准，但最受重视，也是应用最为广泛的实乃年资，而这也是磨勘、历纸之制发展的必然要求。在重年资的指引下，职官在任期间只要无大错，即可按例迁秩，这种设计既可以磨平职官的斗志，又可以培养他们的忠顺之心，正符合了宋廷对职官最重要的要求——忠诚。

第五章

由唐至宋，职官监察法的主要变化及原因

由唐至宋，随着对职官监察的越发细密，监察法在宋朝时期也获得了非常重大的发展，这些"耳目"之官充当着皇帝的触角，延伸到百官当中，为君主实现对百官的严密控制提供了重要支持。正是得益于这种严密的防范，宋朝时期的职官并没有实现真正的"有权"，也正因为这种无权，地方职官没有了坐大的可能与机会，没有了拥兵自重的条件，也就不可能真正实现如唐朝般地方割据势力的产生。

第一节　对《宋大诏令集》中涉及监察官的御笔手诏进一步考察

御笔手诏作为两宋职官法的表现形式之一，在监察法中表现得更为常见，这种御笔手诏的法律形式的出现，也从另一个层面印证了由唐至宋中央集权的进一步强化，以及君主对监察官的重视和皇权对监察权的干犯。

一、对涉及台谏官的御笔手诏之内容分析

《宋大诏令集》中涉及台谏官的御笔手诏汇总如表6。

表6 《宋大诏令集》中涉及台谏官的御笔手诏汇总①

颁布者	时间	诏令名称	诏令内容
太宗	太平兴国六年	《诫饬郊庙行事官虔肃诏》	将奉礼燔。式资蠲洁。所以交神明之道也。凡尔执事者。得无戒焉。自今奉郊庙行事文武官。于致斋日。并须沐浴浣濯衣服。务于虔肃。以供祀事。敢有违者。并以不恭论。宜令御史台专行纠察
	淳化三年	《三司判官见本使仪范诏》	国家并建官司。各有僚属。在班爵而既异。因名数以洞分。所宜奉承。岂可违越。自今三司判官见本使。各谨礼度。无失恭虔。每日内朝谒见。非咨事不得辄至本使庐中。朝罢各赴本司视事。即不得于诸处辄行私谒。御史台专纠之
	淳化四年	《令御史台应行故事并条奏狱无大小中丞已下亲鞠不得专责有司诏》	御史府风宪之地。政治尤先。棘木平反。所以明慎庶狱。绣衣直指。所以振肃外庭。近年以来。旧制隳紊。会朝之礼。例失于恪恭。执法之臣。但务于循默。宜申明于诏旨。用恪举于官常。勉遵三听之文。载肃九宾之序。使表着以定。而图圄不冤。克彰恺悌之风。用召和平之气。宜令御史台应行故事。并条奏以闻。狱无大小。自中丞已下。皆亲临鞠问。不得专责所司

① 数据来自《宋大诏令集》，司义祖整理，中华书局，1962年。

续表6

颁布者	时间	诏令名称	诏令内容
太宗	淳化五年	《令子弟因父兄殁收叙未经百日不得公参诏》	孝居百行之先。丧有三年之制。著于礼典。以厚人伦。中外文武官子弟、因父兄之沦亡。因朝廷之收序。未及卒哭。因以脱缞。遽忘哀戚之容。不念劬劳之报。虽黾勉从事。克遵匪懈之言。而创巨因心。殊乖未忍之意。自今文武百官子弟、因父兄殁收叙。未经百日。不得辄赴公参。御史台专加纠察。并有冒哀求仕释服从吉者。并以名闻奏
真宗	景德二年	《诫约朝会端肃诏》	朝会陈仪。衣冠就列。将以训上下之则。彰文物之容。宜慎等威。用符纪律。况屡颁于条令。宜自顾于典刑。稍历岁时。渐成懈慢。特申明制。以警具寮。自今宴会。宜令御史台预定位次告示。各令端肃。不得喧哗。违者。殿上委大夫中丞。朵殿委知杂御史侍御史。廊下委左右巡使。察视弹奏。内职殿直已上。赴起居入殿庭行私礼者。委阁门弹奏。军员、令殿前侍卫司各差都校一人提辖。有亏失礼容。即送所属勘断讫奏。仍令阁门宣徽使互相察举。敢蔽匿者纠之
	大中祥符五年	《诫饬文武官立班不得违慢诏》	朝廷之仪。礼经有制。所以明上下之式序。示堂陛之有严。而表着之间。颇闻隳慢。纪纲之任。曾不纠绳。有斁宪章。宜申儆励。应文武群臣。趋朝立班。及崇政殿引见官员使臣。自今违慢者。仰阁门御史台弹奏

续表6

颁布者	时间	诏令名称	诏令内容
真宗	大中祥符八年	《禁销金诏》	惟彼兼金。是名至宝。邦家所尚。本以备乎威仪。民俗相因。由是成于奢僭。销镕浸广。耗蠹实多。向者继下制书。禁兹侈服。申严未一。抵冒尚繁。今将表正苍黔。共还朴素。冀群情之率俾。在眇质之躬行。自非大礼之采章。并命攸司而简省。上从中禁。下既庶邦。靡限等差。同其条约。必行之令。在率土以咸周。可复之言。示至公而斯在。其乘舆法物。除大礼各有旧制外。内庭自中宫以下。并不依销金、贴金、镂金、间金、戗金、圈金、解金、剔金、陷金、明金、泥金、楞金、背金、影金、栏金、盘金、织捻金线等。但系装着衣服。并不得以金为饰。其外庭臣庶之家。悉皆禁断。三京诸路臣民旧有者。限一月许回易为尊像前供养物。应寺观自今装功得所用金箔。须具殿位尊像显合增修创造数。经官司陈状勘会诣实闻奏。方得给公凭。诣三司收买。其明金装假果花版乐身之类。应用金为装彩物。降诏前已有者。更不毁坏。自余悉皆禁止。如敢有违。本犯人及工匠干连人并当重断。皇族诸亲大臣等。固宜奉诏。率乃舆民。苟或有逾。必行严宪。仍令御史台、皇城左右衙司常切觉察。如不切纠举。致别处彰露。并实其罪。其论告人。赏钱百贯。以犯事人家财充。不足者以系省钱支给。仍令诸路转运司遍牒管内。揭榜告示
仁宗	皇祐元年	《诫饬倾危诏》	朕闻。自古为治。靡不以苛察为戒。而近岁风俗。争事倾危。狱讯滋多。上下暌急。伤累和气。朕甚悼焉。自今台谏官、非朝廷得失。民间利病。更不许风闻弹奏。违者坐之

续表6

颁布者	时间	诏令名称	诏令内容
仁宗	皇祐五年	《诫饬举荐非其人诏》	朕制临天下。思得贤才而共治之。故开荐举之路。又于群臣无有疑间。其所荐举。多亦升擢。然比年以来。或所荐者材品庸薄。下人远甚。乃有文武显要。交章推举。或宿怨丑滥。曾非捃诖。请行湔复。或复职任疏远。引援清近。不称重轻。迹其本原。岂非造次衔鬻者。旁依权门。无廉耻之行。崇结私恩者。苟蔑王爵。无公共之志。不然。何以臻此。不知不贤而言之。兹曰蔽谬。知其不可而言之。兹曰欺罔。左右官师。怀此事上。嗟予何赖。诚心未孚。遂致于法。朕甚愧焉。其令御史台察访中外臣僚奏荐。如有所举非其人者。立须弹奏。必行之罚。宜自近始。重兹申警。尚体予意。其已差保提点刑狱已上差遣者。并不得荐举。今申明前诏。许台司每岁首举行。布告中外。所冀荐举不滥。进用得人。今颁布中外。各令遵守
	嘉祐二年	《诫励提转诏》	朕惟天下之重。不可独治。付之郡守县令而已。郡守县令之贤与其不肖。不可遍知。付之转运使提点刑狱而已。比年以来。郡县官吏。多不奉法。或贪惏日肆。以为人患。或蠹耗民事。以营己私。或以苛刻为尽公。或以宽纵为得计。相习安此。恬不为怪。岂非转运使提点刑狱务为简易因循以至此乎。又赋敛有常。或增重之以为己劳。刑狱有经。或出入之以为己察。使民冤失职于下。干戾阴阳于上。呜呼若是。岂朕所以寄任之意邪。比上章者屡以为言。朕未欲即致于理。乃其不挠权幸。不纵有罪。使贪夫不敢为慢。庸吏勤于率职。以惠绥吾民。称朕意焉。如有弗革。悉罚无赦。仍令御史台常加采访弹奏以闻

续表6

颁布者	时间	诏令名称	诏令内容
仁宗	嘉祐四年	《诫僭奢诏》	朕缵承丕基。抚有方夏。谓教之不可以家至。而行之每务于身先。惟是俭勤。敢忘勉励。期与群庶。臻于富康。而人怠久安。骄于佚欲。物丰大盛。耗以虚浮。苟奉养以自私。忘僭奢之为庆。士民交黩。贵贱靡分。惟其强力之能。无复等威之制。考于著令。虽有旧章。顾在攸司。鲜闻用法。民遂安于常习。弊罔革以滋深。纪纲既紊于度程。风俗以至于流荡。俾朕有欲治之意。不能副余之诚心。而民多自陷之愚。未免烦余之训导。夫令信由于贵始。下化先于上行。眷予一二之臣。其率庶工而警职。俾尔多方之众。勿逾常法以干刑。庶渐革于侈风。以共趋于治路。凡居室之制。器用之度。冠服之章。妾媵之数。其令中外臣庶。遵守前后条诏。如有违犯。仰御史台及开封府纠察闻奏。其诸路州军。即委转运使提点刑狱臣寮及逐处长吏施行。布告中外。咸使闻知。故兹诏示。想宜知悉
神宗	元丰五年	《诫谕百官诏》	敕。朕惟先王以道莅天下。列而为事。陈而为法。人各有分然后安。官各有守然后治。三代以降。累世相仍。浸迷本原。遂乱名实。余敝斯积。其流及今。朕闵古弗还。因时改造。是正百职。复建六联。先后重轻。粗获条次。小大贵贱。迭相维持。差择群材。分委成宪。仁观来效。共致丕平。敢有弗钦。将底厥罪。新除省台寺监官。详定官制所已著所掌职事。如被选之人。不循分守。敢有僭紊。其申谕中外。违是令者。执政官委御史台弹奏。尚书以下。听长官纠劾以闻

续表6

颁布者	时间	诏令名称	诏令内容
神宗	元丰八年	《诫励中外奉承诏令称先帝更易法度惠安元元之心诏》	恭以先皇帝临御天下。十有九年。夙夜厉精。建立政事。所以惠泽四海。垂之后世。比闻有司。奉行法令。往往失当。或过为烦扰。违戾元降诏旨。或苟为文具。不能布宣实惠。或妄意窥测。怠于举职。将恐朝廷成法。因以隳弛。其申喻中外。自今以来。协心循理。奉承诏命。以称先帝更易法度惠安元元之心。敢有弗钦。必底厥罪。仰仍御史台察访弹劾以闻
	元丰八年	《诫饬废格诏令诏》	比者诏令屡下。冀以均宽民力。便安公私。如闻官吏狃习故态。不切奉行。或致废格。使远近之人。未尽被惠。自今仰悉心奉行。监司检察。倘有戾违。即仰御史台弹劾奏
徽宗	崇宁三年	《诫约内外官不得越职言事诏》	古之仕者。明于分义。谨于廉隅。非其职弗言。非其招弗往。固无僭紊。以乱官常。小大交修。同底于治。朕甚慕之。故自亲政以来。拔用贤能。不吝爵赏。黜除奸恶。于罚之行。振肃纪纲。申饬检押。庶几士大夫咸知自好。无愧古人。而流俗相沿。未能尽革。不在其位。乃易其言。辄以上闻。盖因无责。而又端厚靖共者不加劝。轻躁进取者日益多。嗜利奔趋。惟恐其后。以冀幸万一之意。行希企无厌之求。犯令侵官。曾微畏忌。非憸佞以求售。则摇沮以妨功。朕方明好恶。信赏罚。以善天下之俗。而百官有司。所为如此。岂廉耻道丧之日久。人之蔽蒙。习非胜是。浸渍所入者深。未可以亟化欤。抑敦谕恻怛。未遽孚于众也。夫戒之用休。董之用威。播告之修。其听无爽。洗心易虑。惟新是图。尚或罔悛。必罚无赦。风宪之任。为朕察焉。今后内外百官。不得越职论事。侥幸奔兢。不循分守。违者。仰御史台弹奏。故兹诏示。想宜知悉

续表 6

颁布者	时间	诏令名称	诏令内容
徽宗	崇宁五年	《星变毁党籍石刻诏》	应元祐及元符末系籍人等。今既迁谪累年。已足惩戒。可复仕籍。许其自新。所有朝堂石刻。已令除毁。今后更不许以前事弹纠。常令御史台觉察。违者具弹章以闻
	崇宁五年	《监司分按居养安济漏泽诏》	朕述追先志。作新法度。昨缘星变。恐惧修省。不敢自以为是。乃诏有司。审量可否。详度利害。改其未便者。以承天休。访闻小人乘间观望。全不遵奉。已行之令。公然阤废。怀奸害政。如居养鳏寡孤独漏泽园安济坊之类。成宪具在。辄废不行。监司坐视。不复按举。天之穷民。朕所矜恤。颇闻失所。其何以上当天心乎。仰监司分按本道。举行如法。有违慢观望不修厥职者。按罪以闻。必罚无赦。监司失于按举。令御史台弹奏。故兹诏示。想宜知悉
	大观三年	《曾任待制以上再加识擢不得弹奏诏》	朕祗绍先猷。遹追成宪。任贤使能。小大并进。其或自抵谴何。名丽谪籍。旷日兹久。庶有革心。传不云乎。过而能改。善莫大焉。除元祐奸党及得罪宗庙。朕不敢贷外。自余并弃瑕涤垢。量才试用。责其后效。许以自新。应曾任待制已上职任人。往咎宿愆。已经黜责。朕则究知本末。今再加识擢。官司勿复以闻。台谏官亦不得辄有弹奏。其自今以始。尚或不悛。复出为恶。及怙终饰非。申述辨雪。与夫背公死党。阴怀报复。沮害良法。欲成其私。无循省悔过之心者。邦有常刑。必罚无赦。布告中外。咸体朕意。仍牓朝堂

续表 6

颁布者	时间	诏令名称	诏令内容
徽宗	大观四年	《申饬百僚御笔手诏》	朕一道德以同俗。严分守以造士。振起廉隅。士风丕变。舍其比周捃撅。期于同德共济。且朋党之论。起于汉唐。于时奸人。乘时肆意。倾挤异己。忠邪未判。摈斥从之。则汉南北部。唐牛李事。其误朝召乱。概可见矣。朕监察前史。数下诏旨。毁石刻。除党籍。合天下之同异。释群心之忿怨。咸归于礼义廉耻之域。且大臣进退。自昔有之。士失所守。而不能砥节励行者。曾不体予宽大之意。洒余习未殄。交结权近。饬巧驰辩。沽誉躁进。阴构异端。附下罔上。腾播是非。分朋植党。牢不可破。虽申饬屡至。曾莫之革。咨尔在位。各常其德
	大观四年	《增赏训戒鼓惑邪说御笔手诏》	昨以星文谴告。克谨天威。事之未便。详度更革。以正厥事。以承天休。迩者士失所守。徇于流俗。而憸巧轻儇之徒。构造无根之语。鼓惑邪说。倾动中外。或播传迁责臣僚。或横议兴易政事。或妄意更革。或诈称差除。其说多端。朝更夕改。以致搢绅惶惑。不安厥位。立则聚谈。行则耦语。转相探刺。欲为身谋。各怀疑心。潜相睽异。为间谋之计。伸怨悱之私。浸淫成风。为害甚大。近令开封府立赏。许人陈告。日来讻讻。殊未惩革。可出牓朝堂。申严训戒。如或弗悛。寘之典刑。必罚无赦。可增立赏钱。通作五千贯。仍令御史台谏官弹纠

续表6

颁布者	时间	诏令名称	诏令内容
徽宗	政和元年	《诫饬台官言事御笔手诏》	耳目之寄。台谏是司。古之明王。责以言事。罔匪正人。故能雍容无为。端拱于一堂之上。广览兼听。信赏必罚。以收众智。以驭辟吏。百官向方而万事理。今言者不沽激以徼名。则畏避以趋利。至或阴交贵显。怙权挠法。慢令陵政。职所当纠。纵而弗治。盛则俯首附丽。黜则鼓舌诋訾。以此观望窥测。追时好而取世资。廉耻之道缺。謇谔之风替。何所赖焉。朕承神考遗绪。宵旰图治。懔乎以听言为难。有言责者。直道而行。将悦而从之。群工庶僚。邪正臧否。必覈是非。毋惮大吏。将以赏刑。彰善瘅恶。辅成至治。服我明命。各祗厥官。毋溺旧习。毋悼后悔
	政和二年	《诫约不许更改已行法令诏》	朕躬揽万几。讲求民瘼。作新宪度。孚于万邦。事之缺者。悉已完具。法之弊者。随即更革。熙丰诏令。具在谟训。思与天下共遵成宪。今货殖通阜。商旅贸迁。民物按堵。边隅绥靖。中外经费。颇亦宽舒。持之岁年。其效必着。尚虑妨功害能之士。贪利希进之徒。乘间抵巇。忘意申陈。轻议增损。规避其成。应今日已行法令。三省恪意遵守。无容妄自纷更。非其窒碍而辄议改易者。以违制论。仍令御史台觉察弹奏

续表6

颁布者	时间	诏令名称	诏令内容
徽宗	政和五年	《诫饬三省密院省台寺监与百职事官御笔》	官各有守。故万事理。人各有分。故士志定。昔者先王之未劝禁。率励在服。小大祗若。罔不率俾。咸怀忠良。协于克一。自时厥后。士不信义命。忘其大分。人昧于宠利。失其所守。逮至于今。尚多有之。比又操流俗之见。怀犯上之心。造未浮言。摇必成之政。越职论事。废出位之戒。朕诏令数下。申谕备尽。至再至三。方时承平。务在和靖。而曾未之革。岂罚所未加故欤。自今三省密院省台寺监与百职事官。各扬其职。益慎尔止。非尔所职勿行。非尔所责勿言。毋利口以胥动。敢不遵承。以违御笔论。仰御史台弹奏。仍牓朝堂
	政和六年	《诫谕不更改政事手诏》	朕嗣先帝盛德大业。继而述之。罔敢坠失。粤自初载。蔽于朕心。非缘师锡。赖天之休。克笃先烈。法成令具。吏习而民安之。休祥荐臻。四方蒙福。凤夜震栗。其敢自功。而士未革心。乘间辄议。天下生齿日众。本支繁衍。蛮夷纳土。开疆浸广。惠养以逮天下之穷民。廪禄有及于疲癃不能任事之吏。兴事造功。制礼作乐。事在有司。法令施四方。众建人材。称事增员。因劳积赏。倍蓰于前远矣。挟奸罔上者。于太平丰亨豫大极盛之时。欲为五季变乱裁损之计。朕若稽古。度时之宜。亲所建立。审而后行。施之罔极。岂有更自改作。蠹害之人。敢私行智。为臣不忠。罪莫大此。可令御史台觉察纠奏。有犯以违御笔论。布告中外。咸使闻知。仍榜朝堂

续表6

颁布者	时间	诏令名称	诏令内容
徽宗	政和七年	《应修造不急可缓者权住御笔》	国家承五季之弊。宫室因仍百五十年。上漏旁穿。理当营构。军营仓库。宫邸第宅。应缮完建造非一。材木人工之费。般辇营建之劳。军工多有不足。遂调差人夫。比闻甚困民力。有司失职。又往往不给价直。中夜以思。重加恻然。民邦之本。岂可重困。可令尚书省并诸局相度。应修造不急可缓者。权住修造。所用人物亦权住。计置材木物料。合行般买。不得亏价。及不得辄差或雇人夫。自今并划刷厢军役使。违者。仰廉访使者及御史台觉察以闻。其缘修造辄科买抑配者。人吏配广南远恶。官员并除名勒停
	政和八年	《常平敛散必时毋得拖欠违者以大不恭论御笔》	常平散敛之利天下甚博。而比年以来。诸路拖欠至今。及散而遽取之。甚失神考制法之意。仰常平司常切遵守条令。敛散必时。毋得拖欠。违者以大不恭论。监司互察。御史台弹奏
	政和八年	《监司郡守自今三载成任不许替成资阙诏》	朕嘉唐虞三载考绩。成周之盛。亦惟三岁大计吏治。夫监司按察一路。郡守师帅千里。数变易则下不安。民知其将久。乃服从其教化。矧簿书有缘纪之弊。部曲有迎送之劳。官司有馈送之费。贤与能者。功未及与成。奸与惰者。罪未至于着。赏以苟得。刑以幸免。殆未足以法上古黜陟诛赏之政。自今监司郡守。可依累降指挥。三载成任方替。更不许替成资阙。违者以违御笔论。二省常切遵守。御史台觉察弹奏

续表6

颁布者	时间	诏令名称	诏令内容
徽宗	政和八年	《诫妄意更革朝政御笔手诏》	朕惟帝王之盛。以道莅天下而治以法。道者万世无弊。一定而不易。法则与时宜之变通。而不可以为常。朕奉承圣绪。夙兴夜寐。务循神考之道。以仪以式。以训以告。政立而法度修。教行而礼乐著。其效在天下。其典在方册。固将传之无穷。施之罔极。天下后世。岂可复议。若酒事与时行。所当调制者。法也。时运不留。法亦随之。煦为春夏。敛为秋冬。损益盈虚。义存均适。属者审人情之思虑。究海内之利否。取法之所当议者。扶其偏。救其失。去其泰甚者。卿士大夫不深惟国家大体。有不可变之道。而咻惑于众多之口。蔽蒙于私己之见。妄言大臣有异同之论。妄意朝政有更革之说。以欺愚众而希世资。未欲致于理。盖自崇观以来。继神考之志。以为莅天下之道。述神考之事。以为治天下之具。执此之政。坚如金石。行此之令。信如四时。据此之公。无私如天地。兼尝亲札大字。敕榜揭于朝堂。近日又复申明。此卿士大夫所共知也。今兹播告。是谓申命。其讹乃心。率循毋怠。敢有倡为异端。致疑众听者。御史台弹劾以闻。当议重行黜责。故兹诏示。想宜知悉。仍出牓朝堂

通过表6的整理可以发现，涉及台谏官监察的御笔手诏共计28条，其中以徽宗朝为例，一共颁布了涉及台谏官弹奏的14条诏令，可以发现如下特点：

第一，以御笔颁布的形式居多，可不经中书等议定，而是由皇帝直接颁布，皇权受到的限制进一步缩小。

第二，御笔的内容涉及当官员出现擅自妄言朝政、不遵守朝廷法度或逾越职权等行为时，允许台谏官弹奏。表明在北宋末期，吏治腐化，政事混乱，百官无法做到恪尽职守，行政管理渐趋废弛。同时，这种景象也与自徽宗朝始一直延续到南宋的有关监司考校的 15 项规定相互照应，其中首要之条就是"奉行手诏有无违戾"① 进一步显示出当百官逐渐脱离既定轨道、玩忽职守之时，国家治理就会一片狼藉。

此外，根据表 6，我们现分类整理台谏官的弹奏内容、监察职责和对监察行为的限制性规定。

其一，对纠察百官犯礼违制行为的规定。主要涉及太平兴国六年（981 年）的《诫饬郊庙行事官虔肃诏》②，淳化五年（994 年）的《令子弟因父兄殁收叙未经百日不得公参诏》③，景德二年（1005 年）的《诫约朝会端肃诏》④，大中祥符五年（1012 年）的《诫饬文武官立班不得违慢诏》⑤。这四则诏令规定了台谏官的弹奏范围为：一是台谏官可对在赴朝立班，皇帝召见的过程之中，违慢、喧哗的官员予以弹奏；二是如有因父兄殁亡而被录用，未经百日，即赴公参之人，则令御史台监察；三是文武百官应于斋日沐浴更衣，虔诚恭肃，如有违者，以不恭论，并令御史台监察。

其二，对纠察百官奢僭罔极行为的规定。嘉祐四年（1059 年），颁布《诫僭奢诏》⑥，诏令文武百官，中外臣僚，凡所居之室，所用之物，所穿之服，妾媵数量皆应遵照制度约束，如有违者，令御史台和开封府监察弹劾。

其三，对纠察百官私下拜见行为的规定。淳化三年（992 年），颁布《三司判官见本使仪范诏》⑦，诏令百官罢朝之后各赴本司，不得私下于诸处拜见，违者许御史台弹奏。

---

① 谢深甫等修：《庆元条法事类》，戴建国点校，载杨一凡、田涛主编《中国珍稀法律典籍续编》第一册，黑龙江人民出版社，2002，第 68 页。

② 《宋大诏令集》第一百九十，司义祖整理，中华书局，1962，第 696 页。

③ 《宋大诏令集》第一百四十六，司义祖整理，中华书局，1962，第 533 页。

④ 《宋大诏令集》卷第一百四十五，司义祖整理，中华书局，1962，第 529 页。

⑤ 《宋大诏令集》卷第一百四十四，司义祖整理，中华书局，1962，第 525 页。

⑥ 《宋大诏令集》卷第一百四十八，司义祖整理，中华书局，1962，第 547 页。

⑦ 《宋大诏令集》卷第一百六十，司义祖整理，中华书局，1962，第 607 页。

其四，对纠察监司郡守旷废职守，不守考任与成资规定行为的规定。嘉祐二年（1057年），颁布《诫励提转诏》①，因提、转等监司负有下察郡县守令之责，若其旷废职守，则于民有害，于政无所利。遂令御史台时常采访，弹奏以闻。政和八年（1118年），颁布《监司郡守自今三载成任不许替成资阙诏》②，规定监司郡守三年成任方可替罢，不允许替任成资阙，如有违者当以违御笔论处，并由御史台弹奏。

其五，对纠察举主荐举非其人行为的规定。两宋时期非常重视荐举，通过举主择良才以用之，故而举主是否荐举得力，直接关系到官僚队伍素质的高低。皇祐五年（1053年），颁布《诫饬举荐非其人诏》③，诏令御史台访察百官的荐举行为，如果有举主荐举失当，御史台应予弹奏。

其六，对纠察百官旷废懈怠养民，惠民之责行为的规定。自古以来，民为国本。百姓是国家的统治基石，宋廷尤重监察职官使民困厄的不法行为。至徽宗朝，宫室已使用一百五十年有余，理当修缮，却因修缮宫室而动用民力、物力，使民困顿，故而于政和七年（1117年），颁布《应修造不急可缓者权住御笔》④，诏令在买卖修缮材料的过程之中不得亏价，也不得擅自雇佣人吏，如有违者，责令御史台按察。两宋时期多次颁诏于各地设立居养院、漏泽园以及安济坊，崇宁五年（1106年），颁布《监司分按居养安济漏泽诏》⑤，诏令监司按察地方官员怠慢修理养护贫困民众安居之所的行为，若监司失察，责令御史台监察。

此外，除表6中所列部分诏令外，两宋时期对于规范台谏官职责的诏令还有很多，集中表现在对纠察百官危害国家收入的规定，交结朋党、罔

---

① 《宋大诏令集》卷第一百九十三，司义祖整理，中华书局，1962，第710—711页。
② 《宋大诏令集》卷第一百六十四，司义祖整理，中华书局，1962，第628页。
③ 《宋大诏令集》卷第一百六十六，司义祖整理，中华书局，1962，第636页。
④ 《宋大诏令集》卷第一百七十九，司义祖整理，中华书局，1962，第649页。
⑤ 《宋大诏令集》卷第一百八十六，司义祖整理，中华书局，1962，第681页。

顾朝纲等的规定，对销金行为的规定，以及对台谏官弹奏行为的约束，等等。结合表6，具体阐述如下。

对纠察百官危害国家财政收入行为的规定。两宋时期设置常平仓，以国家宏观调控的手段保证米价，给民以惠，然而因不法官吏处置失当，民受其害，故于政和六年（1116年），颁布《右曹三催不报或逾年不结绝并行遣失当具奏御笔》①，诏令御史台纠察州县官员和监司应该向户部右曹上报却不报的行为。政和八年（1118年），颁布《常平敛散必时毋得拖欠违者以大不恭论御笔》②，要求常平官敛散应按时，不得拖欠，如有违者，以大不恭论处。此外，不仅监司之间可以互察，御史台亦可行监察弹奏之权。

对纠察百官交结朋党、纳贿腐化、谋害忠良、罔顾朝纲、不司职守、隳弛法度、废格诏令、越职言事、侵越职守、鼓惑邪说、更改已行法令等行为的规定。庆历四年（1044年），颁布《诫饬在位诏》，诏令若官员有"诡激邀名，浮薄连茹，察渊以害良善，倚法而峻诛求，雷同私论，营罔朝听"③的行为，许令御史台监察。元丰五年（1082年），颁布《诫谕百官诏》④，若百官不守本分，有僭越之举，可令御史台行弹奏之权。元丰八年（1085年），继而颁布《诫励中外奉承诏令称先帝更易法度惠安元元之心诏》⑤，诏令百官齐心协力，尽力协助帝王治国，如有违者，则令御史台弹劾。同年，又颁布《诫饬废格诏令诏》⑥，本来国家颁布的诏令是给民以惠的，但奈何执行之官罔顾法令，不俸诏执行，导致民未受惠，故而诏令

---

① 《宋大诏令集》卷第一百八十一，司义祖整理，中华书局，1962，第656页。
② 《宋大诏令集》卷第一百八十一，司义祖整理，中华书局，1962，第656页。
③ 《宋大诏令集》卷第一百九十三，司义祖整理，中华书局，1962，第708—709页。
④ 《宋大诏令集》卷第一百九十四，司义祖整理，中华书局，1962，第714页。
⑤ 《宋大诏令集》卷第一百九十四，司义祖整理，中华书局，1962，第715页。
⑥ 《宋大诏令集》卷第一百九十四，司义祖整理，中华书局，1962，第715页。

百官应遵守国家诏令，并命监司监察，若有违法之官，允许御史台纠察弹奏。崇宁三年（1104 年），颁布《诫约内外官不得越职言事诏》①，诏令百官不得超越职权范围而言事，百官不得奔竞逐利，不守职分，如有违者，许令御史台监察弹奏。大观三年（1109 年），颁布《诫约无侵官御笔手诏》②，诏令百官不得侵越职守，如有违者，外任官命监司按察，中央职官命御史台监察。大观四年（1110 年），颁布《增赏训戒鼓惑邪说御笔手诏》③，诏令如有鼓惑邪说之类，不仅揭发之人可增加赏钱，而且仍令台谏官弹奏。政和二年（1112 年），颁布《诫约不许更改已行法令诏》④，如有阻碍和随意更改诏令行为之人，以违制论处罚，并且责令御史台行监察之责。政和五年（1115 年），颁布《诫饬三省密院省台寺监与百职事官御笔》⑤，诏令百官应各司其职，各守其职，非其所职则勿行，非其所责则勿言，如不遵守，则以违御笔论，并且责令御史台监察。政和六年（1116 年），颁布《诫谕不更改政事手诏》⑥，诏令百官不得擅自更改政令，如有违者，以违御笔论处罚，同时责令御史台监察。政和八年（1118 年），颁布《诫妄意更革朝政御笔手诏》⑦，若百官有妄议大臣与朝政的行为，责令御史台弹劾。

对纠察销金行为的规定。大中祥符八年（1015 年），颁布《禁销金诏》⑧，禁绝销金的行为，并令御史台常加关注，密切监察。

规定御史台有亲鞫刑狱之责。淳化四年（993 年），《令御史台应行故

---

① 《宋大诏令集》卷第一百九十六，司义祖整理，中华书局，1962，第 721 页。
② 《宋大诏令集》卷第一百九十六，司义祖整理，中华书局，1962，第 722 页。
③ 《宋大诏令集》卷第一百九十六，司义祖整理，中华书局，1962，第 723 页。
④ 《宋大诏令集》卷第一百九十七，司义祖整理，中华书局，1962，第 726 页。
⑤ 《宋大诏令集》卷第一百九十七，司义祖整理，中华书局，1962，第 727 页。
⑥ 《宋大诏令集》卷第一百九十七，司义祖整理，中华书局，1962，第 727 页。
⑦ 《宋大诏令集》卷第一百九十七，司义祖整理，中华书局，1962，第 727 页。
⑧ 《宋大诏令集》卷第一百九十九，司义祖整理，中华书局，1962，第 736 页。

事并条奏狱无大小中丞已下亲鞠不得专责有司诏》①，责令御史台应遵循"祖宗故事"之规定，狱讼不分大小，应亲自审讯，不应假手于人。

规定御史台在朋党问题方面的监察权限。第一，对妄加弹奏自新之人的行为严加监察。崇宁五年（1106 年），颁布《星变毁党籍石刻诏》②，规定因党争而被黜陟之官，在自新之后，不许百官再就前事纠弹，如有违者可令御史台弹奏。第二，申饬百官不得妄加结党。大观四年（1110 年），颁布《申饬百僚御笔手诏》③，规定百官若有交接朋党、传播是非等行为，则令台谏官弹劾。朋党问题历来关系吏治清明与否，若因朋党之争造成官员之间反复倾轧，互相攻讦，不利于政局稳定。同时，若百官之间大肆结党，又极易形成权力关系网，威胁政权统治，故而要对朋党问题慎之又慎。

对台谏官弹奏行为的限制性规定。第一，皇祐元年（1049 年），颁布《诫饬倾危诏》，将不属于"朝廷得失，民间利病"④之事排除在风闻范围之外。第二，台谏官不得弹奏皇帝因赏识而拔擢曾任待制以上职的自新之人。大观三年（1109 年），颁布《曾任待制以上再加识擢不得弹奏诏》⑤，规定凡是皇帝亲自选用之人、赦免之人，不容他人置喙。

规定台谏官应恪尽职守，不畏权势，纠弹臧否。政和元年（1111 年），颁布《诫饬台官言事御笔手诏》⑥，规定台谏应敢于直言，核实是非功过，不怕弹劾大员。台谏官身居要职，总领全国范围的监察之权，台谏官只有严于律己，明辨是非，善恶分明，才能有效辅助君王治国理政。

---

① 《宋大诏令集》卷第二百一，司义祖整理，中华书局，1962，第 744 页。
② 《宋大诏令集》卷第一百五十五，司义祖整理，中华书局，1962，第 581 页。
③ 《宋大诏令集》卷第一百九十六，司义祖整理，中华书局，1962，第 724 页。
④ 《宋大诏令集》卷第一百九十三，司义祖整理，中华书局，1962，第 709 页。
⑤ 《宋大诏令集》卷第一百九十六，司义祖整理，中华书局，1962，第 723 页。
⑥ 《宋大诏令集》卷第一百九十七，司义祖整理，中华书局，1962，第 726 页。

二、对涉及监司的御笔手诏之内容分析

《宋大诏令集》中涉及监司的御笔手诏汇总如表7。

表7　《宋大诏令集》中涉及监司的御笔手诏汇总①

颁布者	时间	诏令名称	诏令内容
神宗	熙宁二年	《诫约主兵官冗占兵诏》	国家置兵。本备战守。主兵之官。率多冗占。以致不时教阅。有误征防。帅臣安抚监司。其察所部敢有影占者以名闻
哲宗	绍圣三年	《疏决京畿诏》	春夏以来，雨泽以时，二麦丰稔，内外康宁，和气充溢，荷天贶施，实所滋多。然尚虑刑狱滞留，更宜深恤。可就今月二十七日疏决在京并府界诸县系囚杂犯，死罪已下，递降一等，至杖释之。其诸路州县，委监司分诣逐处催促结绝见禁公事
徽宗	崇宁元年	《省台寺监牧守监司以三年为任诏》	内外官并以三年为任。乃元丰旧制。比岁以来。官守屡易。至有岁内再三改移。暂居官次。突不及黔。时序未更。已闻移去。惟是觊望进擢。日俟迁升。决辞讼则鲜肯究心。视公局则犹同传舍。簿书、案牍。首尾罕详。吏缘为奸。民受其弊。盖是除拟之际。爱恶未同。顺亲爱者。务令资任暗升。因憎恶者。欲令迁徙不定。遂致老幼怀道途之畏。吏卒疲将迎之劳。送往迎来。烦扰百出。唐虞考绩。几成虚文。自今后、内自台省寺监。外及牧守监司。宜一切依元丰旧诏。并以三年为任。如未及成资以上。不得辄有替移。其在祗率先猷。无或遗戾。惟吏安厥职。民怀其惠。乃称朕绍休圣绪之志

---

① 数据来自《宋大诏令集》，司义祖整理，中华书局，1962。

续表7

颁布者	时间	诏令名称	诏令内容
徽宗	崇宁四年	《奉行居养等诏令诏》	民为邦本。本固则邦宁。天下承平日久。民既庶矣。而养生送死。尚未能无憾。朕甚悯焉。今鳏寡孤独。既有居养之法。以厚穷民。若疾而无医。则为之置安济坊。贫而不葬。则为之置漏泽园。朕之志于民深矣。吏不奉法。但为具文。以应诏令。并缘为奸。欺隐骚扰。元元之民。未被惠泽。朕夙兴夜寐。恻然于怀。其令提举常平司与监司守令。悉力奉行。毋或违戾。其有失职。仰劾罪以闻。若侵扰乞取减刻。或故为隐漏。或因而科抑。罪轻者以违制论
	崇宁五年	《诫约监司体量公事怀奸御笔手诏》	监司分按诸路。为耳目之任。近降指挥。体量公事。而观望顾避。附下罔上。隐庇灭裂。变乱事实。于吴亮则以无为有。于蔡佃则以有为无。使朝廷刑罚失误。其罪莫大。除已究正。量行黜责外。自今敢有怀奸挟情。不实不尽者。流二千里。斥之远方。永不收叙。仍不以去官赦降原减。布告诸路。咸使闻知
	大观元年	《告谕民户投纳不依样钱御笔手诏》	钱为国之利柄。以方圆铢两。而寄富贵贫贱之权。若为众庶所操。则利柄失矣。今淮浙福建。官吏旷职。纵奸弗戢。盗铸盛行。有误良民。公然受弊。其令监司相度。以官钱为样。垂之市肆。告谕民户。有不如样。限一季投纳。以一偿五。限满不纳。加罪一等。仍以所纳钱更铸补还。出榜告谕。使众知之
	大观元年	《监司分诣所部决狱御笔》	京师犴狱屡空。四方郡县吏。或以微文细故。窘撼追逮。久系不决。甚非钦恤之意。可令监司分诣所部。虑囚决狱。其或淹延不治。留禁无辜。即劾按以闻。庶几图圉之空。遍及天下

续表7

颁布者	时间	诏令名称	诏令内容
徽宗	大观二年	《令监司帅臣经度西南租赋御笔手诏》	周王复小雅而荆蛮来威。汉武穷远兵而中国内耗。盖操术异道。而治乱殊涂。今不顿一戟。不烦一旅。西彻河源。投戈请命。罔不率俾。南极海滨。幅员万里。纳土归化。边境故地。十余万众。愿为王民。不召而至。不谋而同。与穷兵者异矣。然强理其地土。抚循其人民。必为长久之计。而无耗内之弊。则地虽广大。可以无患。其令监司帅臣。经度收其租赋。通其有无。即山煮海。因地所产。俾各自足。不烦朝廷供亿。官吏兵民。裕然充实。俾虚内事外之奸言。无自而作
	大观三年	《东南备御渐次兴筑御笔》	东南备御。已降指挥。深虑监司州县。吏缘为奸。急切者倚法害民。废职者慢令失事。如建筑城壁。置造军器。收养战马。训习水军之类。可令量度工力。计以岁月。渐次兴作。不得急遽科配率敛。仍不得差雇百姓。并以军工充役使。速不扰民。缓不废事。然后为称。可令监司互相觉察以闻
	政和元年	《约束小平钱与当三钱重轻均一诏》	比以泉币法坏。害及闾阎。盗铸滋多。物价翔踊。民人艰食。泉货日轻。朕不惜府库数千万缗之积。一旦改为当三行使。将以革伪滥。通货财。济农商。平物价。与民为悠久之利。尚虑豪猾惮于折阅。胥动浮言。阻障交易。怀奸沮法。觊望再更。不念远图。唯谋近利。可内自京尹。外逮监司郡县。悉心协力。开谕抚恤。勿事刑威。务要小平钱与当三钱重轻均一。无自区别。使人致疑。物货既通。公私皆利。故兹诏示。宜体至怀

续表7

颁布者	时间	诏令名称	诏令内容
徽宗	政和二年	《约束科率御笔》	古我先王。绥厥兆民。一夫不获。时予之辜。朕嗣守祖宗鸿业。休养生息。四海泰定。夙兴夜寐。罔不惟民之承。比年以来。诏令数下。训迪戒谕。毋得骚动。播告之修。不匿厥指。吏辄托法自便。废格违戾。夺其农时。害其常生。役使无艺。输纳不时。科率诛求于中下之户。赋敛积欠于一日之顷。吏缘为奸。丐取公行。上下蒙庇。莫能自伸。至或流移转徙。朕甚悯焉。书曰。民非后罔克正以生。后非民无以辟四方。其令诸路监司。检举前后不得科配率敛差雇、假借制造纽折之类条诏。申明咸使知之。自今敢有违者。罪加一等。吏配二千里。即以为利。以抑勒为情愿。罪亦如之。因而乞取。以自盗论赃。轻配千里。若陈诉而不为理直者。徒二年。其大观二年以后。许改雇及和预买指挥。可更不施行
	政和六年	《学生怀挟代笔监司互察御笔手诏》	学校以善养天下。比来法行令具。士有所养。余二十万人。弦颂之声。无远弗届。方周千里之畿远矣。朕乐与天下士共之。而吏缘为奸。士失所守。至假名代笔。觊免户役。挟书就试。侥幸苟得。请托求嘱。观望权要。比命有司。重置以法。此岂朕所望于士者。夫法久则弊。人玩则弛。其令诸路监司重置以法。知而不举。皆与同罪。提举教授。仍加二等。尚书省检举学事司官。察其失职者罢之

续表7

颁布者	时间	诏令名称	诏令内容
徽宗	政和八年	《监司郡守自今三载成任不许替成资阙诏》	朕嘉唐虞三载考绩。成周之盛。亦惟三岁大计吏治。夫监司按察一路。郡守师帅千里。数变易则下不安。民知其将久。乃服从其教化。矧簿书有缘纪之弊。部曲有迎送之劳。官司有馈送之费。贤与能者。功未及与成。奸与惰者。罪未至于着。赏以苟得。刑以幸免。殆未足以法上古黜陟诛赏之政。自今监司郡守。可依累降指挥。三载成任方替。更不许替成资阙。违者以违御笔论。二省常切遵守。御史台觉察弹奏
	政和八年	《臣僚上言供贡御笔》	朕君临万邦。富有四海。天下之奉。何有所阙。除依岁格任土作贡外。未始许其抑配科率。诏诰训饬。止绝搔扰。形于翰墨。丁宁备至。未尝少宽科率之刑。间有御前自京给降见钱度牒银绢、付诸路监司、于出产州军。仍以市价私相和买口味木石之类者有之。以备荐飨宗庙。颁宣大臣、戚里。亦非以专于奉己为事。监司敢以御前钱物计置到物为己有。以充苞苴馈献。罔上弗虔。罪何可逭。当重为之禁。今后有犯。以大不恭论。不以赦降去官原减。违者。御史台纠劾以闻
	政和八年	《委监司行下所管辖州县当职官须于收成之前按视被水去处诏》	访闻东南被水州县。惟下田不收。至于高原广野。多稼如云。素号瘠薄。今亦倍收。深虑被水下田。虽有赴诉之限。然阡陌湮没。州县蔑视登耗。定验失实。则贫民下户。临时无告。高原所收。不知检察。仰逐路监司、行下所管辖州县当职官。须于收成之前。躬亲按视。毋得失实。以致敛取不均。违者互察以闻

续表7

颁布者	时间	诏令名称	诏令内容
徽宗	政和八年	《奉行五礼新仪监司因按部考察虔惰御笔》	礼止邪于未形。先王作仪以范民而教之中。其意微矣。五礼新仪。州县推行。未臻厥成。可依所奏。令诸路监司因按部考察虔惰。岁择一二以闻。当议赏罚。以观忠厚之俗
	政和八年	《监司郡守不得申陈通理诏》	监司郡守。必三载而后代。然后功罪可考。而赏罚可行。先王之政也。比降手诏。勿替成资。而通理满阙。尚未该载。附会营私。出于为利。则数易之患。犹未尽去。今后并须实满三岁。不得申陈通理。违者以违御笔论
	政和八年	《常平敛散必时毋得拖欠违者以大不恭论御笔》	常平散敛之利天下甚博。而比年以来。诸路拖欠至今。及散而遽取之。甚失神考制法之意。仰常平司常切遵守条令。敛散必时。毋得拖欠。违者以大不恭论。监司互察。御史台弹奏
	宣和元年	《审度枭籴并推行保伍等不如条令者黜罚御笔》	仰惟神考创法垂统。以惠天下。以诒后世。载而传之存乎书。推而行之存乎人。朕遹追先志。罔敢忽忽。盖常平之政。以年之上下制谷价。以岁之丰耗为兴积。储蓄盛多。兼并无所牟大利。而艰厄赖以济。此仁术也。比年官失其守。他司移用殆尽。上下顾望。莫敢谁何。籴本既竭。储蓄一空。利归兼并。民受其弊。保伍之令。联其数。合其制。于以察奸。于以寓兵。使其出入作息相属也。迩来有司。殊不经意。开收并割。既不应令。牌簿姓名。又非其实。保内有犯。未闻行法。匿盗三日曾不究治。州县籍记。惟以牵拽木石。津送舟车。修治道路。将迎使传。民甚病之。监司任外台耳目之寄。政令所下。付以推行。州县失职。付以按察。除授非人。

续表7

颁布者	时间	诏令名称	诏令内容
徽宗	宣和元年	《审度粜籴并推行保伍等不如条令者黜罚御笔》	废法不行。违法不按。希望进取。贪求供馈。不顾义分。又托以专委有司。终岁不行所部。或非时宴会。妨废公务。仰诸路提举常平官检详前后诏条。令州县管勾官、审度年岁。遇贱必籴。遇贵必粜。毋容奸猾。敢肆欺弊。常平钱米。不许他司辄有移用。虽奉御笔支借。亦须执奏不行。每岁春季。提举司具前一年部下所籴所粜及所收息数。申尚书省。取旨赏罚。若籴粜失时。及有欺弊。官以违制论。人吏决配千里。提举保甲官。督察州县都保。有不如条令者。并限一月改正。如奉行违戾不依法差使。并以违御笔论。保内有犯及匿盗三日。皆须究治。依法科罪。即匿强盗十人以上及十日者。加二等。本县当职官不觉察。以违制论。知通监司不按劾。与同罪。监司失职。废法不行。违法不按。或行部不应令。或贪取不顾义。或虽按吏而独后者。并仰廉访使者自今三年内。具事状以闻。当议重行黜责。廉访使者诬人功罪。朋比为私。不得其真。许监司互察。当议远窜。应除授监司。乃可遵守前后御笔处分。必择材望为众所推。曾任通判以上资任人充选。毋使遽非其称。取消一路。或用非其人。令御史台论奏。敢有不承。必罚毋赦
	宣和元年	《居养安济漏泽事务仰监司廉访分行所部按察御笔》	法以立政。政在于人。吏慢不承。法为徒法。顷以孤独鳏寡不能自存。为室庐衣食以居养。贫无以葬。或遗弃水中。为园以收瘗。疾恙不能自救。为之医药。悯仁元元。意甚笃至。法令具在。岁久浸急。比览四方奏文。吏趋目前。无一吏称述居养漏泽安济者。士失所守。废法自便。不知享上惠下。罪不可贷。仰诸路监司廉访使者。分行所部。按吏之不虔者。当重实以法。胥吏配流千里。若失按容庇。其罪依此

通过表7的整理我们可以发现，徽宗一朝的御笔手诏居多，着重对监司的监察职能进行了更深一步的细密化要求，具体分析如下。

其一，监察刑狱。绍圣三年（1096年）颁布的《疏决京畿诏》①，其中要求监司要负责巡察所部州县，催促司法官员尽快对现在因公事被监禁之人判决结案。大观元年（1107年）颁布《监司分诣所部决狱御笔》②，要求监司在巡察州县时，审录复核刑狱，如果有刻意拖延不判决或囚禁无辜之人的情形，监司可按劾。

其二，对监司监察农业、民生问题的要求。崇宁四年（1105年），颁布《奉行居养等诏令诏》③，要求监司全力奉行居养之法，使百姓广受惠泽。政和八年（1118年），颁布《委监司行下所管辖州县当职官须于收成之前按视被水去处诏》④，要求监司亲自按察核实农业收成情况，保证征收公平。政和八年（1118年），颁布《常平敛散必时毋得拖欠违者以大不恭论御笔》⑤，要求监司监察常平仓粮食中的买进与卖出，不得拖欠，须遵法度，且可监司互察。宣和元年（1119年），颁布《审度枭桀并推行保伍等不如条令者黜罚御笔》⑥，要求监司监察所部枭桀与保伍的情况，保障民生。宣和元年（1119年），颁布《居养安济漏泽事务仰监司廉访分行所部按察御笔》⑦，要求监司巡察所部按察养民安民的情况。

其三，对监司监察经济方面的要求。大观元年（1107年），颁布《告谕民户投纳不依样钱御笔手诏》⑧，针对淮浙福建一带以盗铸官钱的方式混

---

① 《宋大诏令集》卷第二百一十六，司义祖整理，中华书局，1962，第824页。
② 《宋大诏令集》卷第二百二，司义祖整理，中华书局，1962，第751页。
③ 《宋大诏令集》卷第一百八十六，司义祖整理，中华书局，1962，第680页。
④ 《宋大诏令集》卷第一百八十六，司义祖整理，中华书局，1962，第680页。
⑤ 《宋大诏令集》卷第一百八十一，司义祖整理，中华书局，1962，第656页。
⑥ 《宋大诏令集》卷第一百八十一，司义祖整理，中华书局，1962，第656页。
⑦ 《宋大诏令集》卷第一百八十六，司义祖整理，中华书局，1962，第681页。
⑧ 《宋大诏令集》卷第一百八十四，司义祖整理，中华书局，1962，第668页。

乱市场、坑害良民的现象，要求监司拿出解决办法，告诉百姓官钱之样，对不如样之钱，限令一季之内投纳。大观二年（1108 年），颁布《令监司帅臣经度西南租赋御笔手诏》①，要求监司担负起收受租赋的责任。政和元年（1111 年），颁布《约束小平钱与当三钱重轻均一诏》②，要求监司齐心协力，约束管理钱币的重量，使之重轻一致，不使人生疑，规范市场。政和二年（1112 年），颁布《约束科率御笔》③，约束监司向百姓定额征收购买物资的行为，不得借机造假。政和八年（1118 年），颁布《臣僚上言供贡御笔》④，对监司将御前之物计置为己所有者，以大不恭论罚。

其四，对监司监察军事方面的要求。这种以文职官员察武事的行为，体现了宋廷重文轻武、防范武官的一贯之策。熙宁二年（1069 年），颁布《诫约主兵官冗占兵诏》⑤，要求监司按察所部士兵是否有影占情况。大观三年（1109 年），颁布《东南备御渐次兴筑御笔》⑥，要求监司对涉及制造军器、养战马、训水军等情况，以及不得强迫征调百姓或以士兵充当杂役的情况进行监察，亦可互相监察。

其五，强调监司官之性质。崇宁五年（1106 年），颁布《诫约监司体量公事怀奸御笔手诏》⑦，要求严管监司。

其六，对监司监察礼仪方面的要求。政和八年（1118 年），颁布《奉行五礼新仪监司因按部考察虔惰御笔》⑧，要求监司考察所部官员对礼仪的奉行情况，教化规范百姓言行。

---

① 《宋大诏令集》卷第一百八十三，司义祖整理，中华书局，1962，第 663 页。
② 《宋大诏令集》卷第一百八十四，司义祖整理，中华书局，1962，第 669 页。
③ 《宋大诏令集》卷第一百八十六，司义祖整理，中华书局，1962，第 680 页。
④ 《宋大诏令集》卷第一百四十五，司义祖整理，中华书局，1962，第 532 页。
⑤ 《宋大诏令集》卷第一百九十四，司义祖整理，中华书局，1962，第 714 页。
⑥ 《宋大诏令集》卷第二百十四，司义祖整理，中华书局，1962，第 813 页。
⑦ 《宋大诏令集》卷第一百九十六，司义祖整理，中华书局，1962，第 722 页。
⑧ 《宋大诏令集》卷第一百四十八，司义祖整理，中华书局，1962，第 548 页。

其七，对监司监察考试方面的要求。政和六年（1116 年），颁布《学生怀挟代笔监司互察御笔手诏》①，规范考试，若有假借他人代笔而试，或挟带书者，令监司监察；若监司知情不举，与考生同罪。

其八，规范监司的铨选。崇宁元年（1102 年），颁布《省台寺监牧守监司以三年为任诏》②，要求监司遵守三年一任之要求。政和八年（1118 年），颁布《监司郡守自今三载成任不许替成资阙诏》③ 和《监司郡守不得申陈通理诏》④，进一步强调了监司三载成任之规定，且不允许监司替成资阙，如有违者，以违御笔论罚。

除在《宋大诏令集》中通过皇帝御笔手诏的形式对监察官的监察活动进行规定和限制以外，两宋时期还制定有专门的法律规定，包括由张知白主持编纂的"御史台仪制，六卷"⑤ 和徽宗年间编制的"《弹奏》三卷"⑥。至南宋孝宗淳熙初，又定《御史台弹奏格》。这些关于监察官的系统性法律规定，使监察的工作有法可依。以御笔手诏这种因时制宜的法律形式保证监察活动对国家治理的适应性和弹性，以专门法规的形式保证监察活动的一种相对稳定性和可预测性，二者结合形成了对监察官监察之责的有效管理，将监察权牢牢地控制在法律许可的范围之内。

---

① 《宋大诏令集》卷第一百五十七，司义祖整理，中华书局，1962，第 593 页。
② 《宋大诏令集》卷第一百六十二，司义祖整理，中华书局，1962，第 617 页。
③ 《宋大诏令集》卷第一百六十四，司义祖整理，中华书局，1962，第 628 页。
④ 《宋大诏令集》卷第一百六十四，司义祖整理，中华书局，1962，第 628 页。
⑤ 郑樵：《通志二十略·艺文略第三》，王树民点校，中华书局，1995，第 1552 页。
⑥ 龚延明：《宋史职官志补正》（增订本），中华书局，2009，第 206 页。

第二节　从制度到人，分析唐宋变迁
影响下的职官监察法

欧阳修在任职于知谏院期间，恰逢仁宗皇帝广开言路，故而欧阳修身负言事之责，为后世留下了许多谏言之例。而这些谏言之例恰恰从侧面印证了由唐至宋台谏合一之景。

一、规谏皇帝

身为谏官的欧阳修自然肩负规谏皇帝之责，这也是自唐而来的言官之责所在。

其一，谏言皇帝立按察之法，选按察使，求实效。庆历三年（1043年）五月，身为谏官的欧阳修在上任伊始就为仁宗皇帝贡献了他的第一次谏言。在欧阳修的谏议中认为，天下之官多矣，朝廷却无法遍知这些官员的善恶能否，而铨司也只是行官员差除之责，以资历选人，却无法探知官员的治事实绩。诸路监司也只是在赃吏败露之时，方才察觉。长此以往，赃吏无法受到监察，败坏吏治，故而陈乞择廉明之官为按察使，行按察法，按察内外。此后，仁宗皇帝诏令，以诸路漕司兼任按察使的方式，按察辖下官员，亲自记录这些官员的"功过"①。然而这种兼任的方式并不是欧阳修所愿，故而其再次进言，认为按察使应选精干之人，然而有些转运使，要么自身本是昏庸病老或贪赃枉法之人，要么因已身兼数职而无法遍行州县、体察实绩，故而认为以兼任方式，恐怕起不到实际效果，不如专

---

① 李焘：《续资治通鉴长编》卷一百四十一，上海师范大学古籍整理研究所、华东师范大学古籍整理研究所点校，中华书局，2004，第3375页。

门"遣使人"①。此外，欧阳修还认为国家想要有所更革，必应身体力行，但求实绩，责实效，方才能救时弊。

其二，谏言皇帝去冗官，除不才之臣，内外一体。庆历三年（1043年）九月，欧阳修认为国朝积弊日多，故列六条谏言皇帝，其中关于强调革除官冗之弊的就占四条，欧阳修认为只有去官冗，方能宽养民，流通差遣，擢贤才，民受惠。可见，只是北宋中期，官冗问题已是相当严重了。同时，欧阳修还认为要将赃吏剔除职官队伍，内外并重，整顿外官。此六项方是除积弊之良策。②

其三，谏言皇帝不可与西夏通和。庆历四年（1044年）二月，谏官欧阳修在庆历三年（1043年）时便谏言不可与西夏通和，但举朝之臣无一人支持。而今合议已成，祸根已埋，却又有韩琦和余靖自面敌后之所言，大家方才知通和之患，但愿大家早早回心转意，明白通和之害。在欧阳修看来，西夏无缘故的请求议和，不仅仅是想与北方辽通谋，一同威胁宋廷，兼以诈宋廷金银，然后从东进攻"以攻中国"③。而欧阳修自认身居谏官之位，若不能及时谏言，声明利害，则为失职，罪当论诛。

二、监察百官

两宋以来，台谏渐成合流之势，台官与谏官的职能渐趋于混同，台官亦有言事之责，而谏官亦有弹劾百官之权，而这种对百官的弹劾监察亦可上自宰相，下至百官。

---

① 李焘：《续资治通鉴长编》卷一百四十一，上海师范大学古籍整理研究所、华东师范大学古籍整理研究所点校，中华书局，2004，第3376页。

② 参见李焘《续资治通鉴长编》卷一百四十三，上海师范大学古籍整理研究所、华东师范大学古籍整理研究所点校，中华书局，2004，第3465—3466页。

③ 李焘：《续资治通鉴长编》卷一百四十六，上海师范大学古籍整理研究所、华东师范大学古籍整理研究所点校，中华书局，2004，第3537页。

其一，弹劾被召试之官。庆历三年（1043年）五月，晏殊、吕夷简和夏竦各自荐举官员景阳、有章与庭坚，然而身为谏官的王素和欧阳修则认为"景阳给婚非类，有章尝坐赃，而庭坚亦有逾滥之罪"①。故而三人皆被罢免考试资格。

其二，弹劾王举正懦默不可胜任其职，认为范仲淹可有宰辅之才。庆历三年（1043年）七月，任命王举正为礼部侍郎，许州知州，然而谏官欧阳修等人却认为王举正懦默不可胜任其职。②

其三，弹劾郭承祐不堪其任。庆历三年（1043年）七月，朝廷任命郭承祐担任镇定都部署一职，身为谏官的欧阳修却认为郭承祐实乃庸才，而如今国家外患频仍，不容小觑，以此庸才为任，实非明智之举，陈乞早早将郭承祐移作他职，或到一不用兵之处任知州，或召回朝廷，予一闲职，但不可令他任此要职。

其四，风闻言事，弹劾宰相吕夷简。庆历三年（1043年）九月，谏官欧阳修认为吕夷简虽身居相位，却颠倒贤愚，败坏纲纪，于外不能为皇帝消弭战火兵戈，于内不能安抚百姓，"为患不轻"③。

其五，弹劾李淑。庆历三年（1043年）九月，谏官欧阳修于延和殿内直面李淑，劾其奸邪。认为李淑朋附吕夷简，且在居开封期间，过失极其多，但这只是为害一府，若为官于朝，则祸害忠良，败坏吏治，实为天下之害，然而李淑之恶乃出自其天性，不可更改，陈乞将李淑外派差遣，才

---

① 李焘：《续资治通鉴长编》卷一百四十一，上海师范大学古籍整理研究所、华东师范大学古籍整理研究所点校，中华书局，2004，第3373页。

② 参见李焘《续资治通鉴长编》卷一百四十二，上海师范大学古籍整理研究所、华东师范大学古籍整理研究所点校，中华书局，2004，第3398—3399页。

③ 李焘：《续资治通鉴长编》卷一百四十三，上海师范大学古籍整理研究所、华东师范大学古籍整理研究所点校，中华书局，2004，第3446页。

能使正直之人安心谋事，不受"谗毁之言"① 的侵扰。

总的来说，在任谏官期间的欧阳修所谏之言呈现出了北宋中前期监察系统的几点特征。

其一，根据上述所举之例可以看出，身为谏官的欧阳修不仅在上任伊始就开始对仁宗皇帝进言，更是不畏相权，敢于直言弹劾当朝宰相吕夷简，将相权也纳进监察体系之中，并且对百官也开始行使监察之权，而这些职能本属于台官所有。

其二，风闻言事之权。从谏官欧阳修的弹劾奏章中可以看出，有些冠以"风闻"二字，这是极具两宋特色的监察方式，许以风闻，使皇帝也无法责问监察官所言之由来，为监察官更好行使监察权排除障碍。

其三，宽以待官。在欧阳修弹劾的几例中，即使该官确有奸邪之举，但也不过是要么以闲职厚俸养之，要么派遣出任外职，并没有实质性处罚措施，反倒是显得有点"姑息"之意。这种处理的出发点还是在于两宋时期对待百官的宽纵之策，"得饶人处且饶人"的"不予追究"之举，试图以此缓和矛盾，拉拢职官，稳定政权。

可见，由唐至宋，随着中央集权的空前强化，皇权对监察权的越发干犯，君主对百官的监察可谓密之甚密，严之慎严，繁之慎繁。

其一，御笔手诏作为两宋职官法的表现形式之一，在监察法中表现得更为常见，这也反映了中央集权进一步强化，以及君主对监察官的重视和皇权对监察权的干犯。我们通过对《宋大诏令集》中涉及台谏官和监司官的御笔手诏进行分析可以发现，两宋时期以御笔手诏这种因时制宜的法律形式保障监察活动对国家治理的适应性和弹性，形成了君主对监察官的有效管理，将监察权牢牢限制在了法律许可的范围之内。

---

① 李焘：《续资治通鉴长编》卷一百四十三，上海师范大学古籍整理研究所、华东师范大学古籍整理研究所点校，中华书局，2004，第 3448 页。

其二，以谏官欧阳修为例，通过他任职谏官期间的监察行为，我们可以看出由唐至北宋中期，谏官已经成了真正意义上的监察官，履行监察之责了。总体来看，台谏官对于监察百官确实起到了非常积极的作用。比如，欧阳修在任职于知谏院期间，不仅身负规谏皇帝之责。其中包括：谏言皇帝立按察之法，选按察使，求实效；谏言皇帝去冗官，除不才之臣，内外一体；谏言皇帝不可与西夏通和。而且身负监察百官的责任。其中包括：弹劾被召试之官；弹劾王举正懦默不可胜任其职；弹劾郭承祐不堪其任；风闻言事，弹劾宰相吕夷简；弹劾李淑。可见台官和谏官的职责在此合一之明显情形。

第六章

由唐至宋，职官待遇保障体系的主要
变化及原因

俸禄和致仕作为职官待遇的两大组成部分，是保障职官基本生活的重要二途。对比唐、宋我们可以发现，两宋时期对职官的待遇是最为优厚的，不仅给职官以高俸，更是多途径保障职官致仕后的生活，尽可能地使职官的既得利益在致仕后得以相对程度的延续。

第一节　职官俸禄制、致仕制的主要变化及原因

一、由唐至宋，职官俸禄制的主要变化

唐朝时，形成了以职事官品为标准发放俸料的体系：

一品月俸八千，食料一千八百，杂用一千二百。二品月俸六千五百，食料一千五百，杂用一千。三品月俸五千一百，杂用九百。四品月俸三千五百，食料、杂用七百。五品月俸三千，食料、杂用六百。六品月俸二千，食料、杂用四百。七品月俸一千七百五十，食料、杂用三百五十。八品月俸一千三百，食料三

百，杂用二百五十。九品月俸一千五十，食料二百五十，杂用二百。行署月俸一百四十，食料三十。[①]

而至唐中后期，基本沿用的是"依品制俸"[②]。依职事品决定发放俸禄，调动了官员的干事积极性，有才能者多劳多得，使官员的治事能力与其所获得的经济利益挂钩。由于散官的除授并不影响俸禄的发放，故而国家得以用赏赐的方式给予官宦之子，或者即使庸碌无为之人也可以居散官之位，国家无须担心因这些人的增多而导致俸禄的增多，国库空虚。

北宋初期，以本官定俸禄，自元丰改制后，以寄禄官阶定官员正俸，同时根据中外官员差遣除授情况予以额外补助。

这种俸禄发放标准的改变标志着俸禄之制的一种进步，以寄禄官阶这种相对固定的方式作为标准，使俸禄发放更趋于稳定，寄禄官阶虽有明显的论资排辈的意味，但是满足了绝大多数官员的需求，相对公平，可以起到稳固官员队伍之作用。

二、由唐至宋，职官致仕制的主要变化

（一）两宋时期允许带职致仕

带职致仕是指官员致仕时仍可带有职名。对于带职致仕的规定，根据史书记载，神宗熙宁之前，带职官员若陈乞致仕，皆解其职，而自熙宁四年（1071 年），以王素始，开启了带职致仕之先河。[③] 此后，元丰三年（1080 年）颁布诏令，凡致仕官员领有职者，"许带致仕"[④]。

---

① 欧阳修、宋祁：《新唐书》卷五十五，中华书局，1975，第 1396 页。
② 董诰等编：《全唐文》卷一千，中华书局，1983，第 10982 页。
③ 参见洪迈撰《容斋随笔》，孔凡礼点校，中华书局，2005，第 119 页。
④ 脱脱等：《宋史》卷一百七十，中华书局，1985，第 4093 页。

两宋时期允许官员带职致仕的规定与前朝官员致仕之后多被取消职等荣誉称号相比，更能体现出对于官员的优遇。

（二）将升转官资立为定制

唐朝官员致仕，除极个别高级官僚在获得皇帝特恩的情况下可以晋升官阶外，其余官员并没有此等殊荣。故而在唐朝，致仕官员升转官资仍是一种特例，代表着皇帝对某些臣僚的奖赏之举。至两宋时期，官员致仕后升转官资渐成定制，甚至一些高级官僚致仕后，在面临无官可转的情况下，可以"晋爵封王"①。

此外，在王安石推行变法期间，针对部分致仕官员升转官资时待遇不均平的现象进行了调整，规定京朝官以上的官员在致仕时均可"转一官"②，努力均平中上层官僚的致仕待遇。

这种将升转官资立为定制的方式，扩大了致仕官员享受优恩的范围，由于官阶对官员的意义非比寻常，若非有负犯赃罪等条件限制，即可升转官资，是宋廷优遇官员的又一体现。

（三）陈乞致仕有了法律强制性规定

唐朝虽然规定官员年满七十均需陈乞致仕，但是对于精力充沛且仍可胜任之官没有强制性规定。两宋时期，一方面要求年满七十之官应主动陈乞致仕，另一方面则对于不自请致仕者，允许御史台负责督察弹劾。显示了君主的诚贪之心，陈乞致仕从个人意愿上的主动性行为演变成了由法律介入的强制性规定。这种转变不仅体现了在致仕过程中所渗透的礼遇与法制的结合，更是因北宋中期之后逐渐扩充的入仕人数致使官冗员阙矛盾越

---

① 苗书梅：《宋代官员选任和管理制度》，河南大学出版社，1996，第511页。

② 李焘：《续资治通鉴长编》卷二百十八，上海师范大学古籍整理研究所、华东师范大学古籍整理研究所点校，中华书局，2004，第5310页。

发尖锐所引发的。若不能保证官员正常、顺利地完成致仕交接，就会对后续官员入阙造成困扰，故而强制性地要求和监察手段的介入，是迫使官员致仕的重要手段。这种以法律强制性规定的方式渗入致仕过程的变化，客观上标志着官员致仕之制逐渐走向系统性和正规性，体现了致仕之制的进步性。

第二节　由唐至宋，引起职官俸禄制、致仕制变化的原因

要而言之，对比唐宋两朝可以发现，两宋时期给予职官的待遇无疑是相当优厚的，为君主实现得官、拢官提供了强有力的支撑。但是在施行的过程之中，不可避免地产生了些许缺陷，亦是无法回避的。在前文中我们已经提出，两宋职官虽以高俸著称于世，但内部呈现出鲜明的等级差异性，并且厚俸之下，国家财政往往入不敷出。同样，在给予职官的致仕优待中，一样存在这两项缺陷。

其一，不平等性。比如对官员致仕年龄的限制，强制官员致仕，如有违者许令御史弹劾的范围多集中在中下层官员中间，而对于那些高级官员，不仅需要连章陈乞，而且有时候还不被皇帝批准，不仅体现了君臣关系之融洽和帝王爱臣之心，更是对肱股之臣的一种肯定。庆历三年（1043年）仁宗皇帝颁布诏令：曾在二府任职的官员陈乞致仕，须再次上章，方能"听除"[1]。此外，针对御史弹劾易使年高之人无法"自安"[2]的情况，

---

① 李焘：《续资治通鉴长编》卷一百四十一，上海师范大学古籍整理研究所、华东师范大学古籍整理研究所点校，中华书局，2004，第3389页。

② 脱脱等：《宋史》卷一百七十，中华书局，1985，第4090页。

仁宗皇帝更是诏令表明老臣乃朕礼遇的对象，自今起，凡是曾经"预政事"① 的官员，台谏官不得就其是否陈乞致仕一事妄加弹劾。这样一来，为少数高级官僚不自陈致仕提供了法律保护。此外，对于一般官员而言，若年满七十未致仕者则不予考绩迁秩，而对于那些对国有功、对民施惠的官员，则"勿拘"②，更是进一步以法律的形式巩固了这种不平等性，使位居高位之臣不受七十致仕的年龄限制。由于中下层官员在职期间大多俸禄不高，若没有强有力的家族支撑，致仕之后的日子是非常艰难的，因为官员致仕之后仅得半俸，且多以实物折充，这些占据文官群体大多数的底层官员在自身被强令致仕的同时，却要面对高级官僚可以"法外有恩"的不公局面，由此而引发的不满情绪以及消极面对致仕之策的态度都不利于官僚队伍的稳定和新陈代谢。

这种对于"老臣""对国有功""于民有惠"等的描述性规定，过于宽泛和模糊，主观评判性非常强，故而其最终决定权还是落在了皇帝的手中，这是人治社会所不可避免的，而这一规定与年满七十应予致仕的规定形成了巨大的反差，也造成了官僚阶层内部的不平等性。

其二，财政负担。为缓和官员因不肯致仕而引发的矛盾与危机，南宋时将一些应致仕的官员充任岳庙宫观之职。绍兴二十三年（1153 年），魏师逊陈乞：为兼顾公、私之利益，可令年及七十的郡守自陈宫观职任，即使有官员不主动自陈宫观，亦望朝廷索取这些职官的年龄等身份、职任信息，"理作自陈宫观"③。同年，以张昌"主管台州崇道观"④ 为始，自此之后，凡是有此陈请者，皆予以恩准。由于宫观差遣之任并没有实际权

---

① 脱脱等：《宋史》卷一百七十，中华书局，1985，第 4090 页。
② 李焘：《续资治通鉴长编》卷一百七十一，上海师范大学古籍整理研究所、华东师范大学古籍整理研究所点校，中华书局，2004，第 4121 页。
③ 李心传：《建炎以来系年要录》卷一百六十五，中华书局，1988，第 2700 页。
④ 李心传：《建炎以来系年要录》卷一百六十五，中华书局，1988，第 2703 页。

力，在北宋王安石变法期间也曾把一些反对变法的官员改任宫观差遣，但是后者主要是为了变法的推进，而前者更多的是对于官员不肯致仕的一种缓冲和"不作为"。

此外，将本应致仕之官改任宫观差遣，虽然将原有职位空了出来，但实则并没有减少在任官员的总体数量，且宫观差遣职任的俸禄高于致仕官员的半俸之入，一定程度上增加了国家的财政负担，使本已不堪重负的财政支出又多一笔开支。并且这些任职宫观差遣之人大多年老体衰，对治事毫无建树可言，尸位素餐，这种巨大的消耗进一步加剧了南宋朝廷的衰落之势。

一、宗族制影响下的职官待遇问题

两宋时期宗族制盛行，一个职官的身后，往往代表着整个家族，不仅职官的俸禄是要满足全家给养的，而且全家所获得的优恩也是全系于职官一人荣耀之上的。因此，从表面上来看，职官致仕仅是一人之事，但若放在整个家族内部来说，便是一个家族的事情，对于寒士出身、毫无根基的宋朝文官们来说，入朝为官之时，家族荣耀可保，但若致仕还乡，家族利益如何延续呢？因此只有保有职官在职期间的既得利益，并通过家族方式延续，才能保证职官顺利致仕，权力顺利交接。

二、官冗问题越发严重，员阙矛盾更为尖锐

对比唐宋科举取士人数可以发现，宋朝时期每年录取人数是远超唐朝的。比如，唐朝时期总共组织了 268 次考试，大约录取了 2033 人，平均到每场录取的人数，大约为 7.6 人；而反观宋朝时期，总共组织了 118 次考试，大约录取了 36231 人，平均到每场录取的人数，大约为 307 人。通过上述对比可以发现，宋朝较之唐朝，少开放了 100 多场考试，但多录取了

10 多倍的人，平均每场竟然比唐朝时期多录取了 40 倍的人员。可见，宋朝时期的官冗问题是多么严重！同时，在厚俸和冗官之下带来的必然是冗费，厚俸之下带来的必然是国家财政的巨额支出，若任由这些职官尸位素餐，那么不仅会导致整个国家机器运转的缓慢和官僚集团的暮气沉沉，更会造成国家财政的无力承担。此外，随着两宋时期大开入仕之门，以科举、荫补等多途入仕的官员人数急剧增加，国家编制内的职官员数却是一定的，这就造成了待阙之官远远多于阙额。而受两宋差遣之制的影响，人员数额更是庞大。这样一来，若不强制性要求年满七十的官员致仕，整个官僚体系就会面临无法承受如此之众的职官员数的重压的危机。

比较唐宋两朝的职官待遇，受两宋时期宗族制的盛行、职官群体大多以寒士居多、员阙矛盾尖锐等因素的影响，呈现出与唐制不同的面相。

其一，就俸禄之制而言，首先是受官制的调整，俸禄发放的标准发生了变化。唐朝时期，以职事官品为标准发放俸料，而散官的除授并不影响俸料的发放。到北宋时期，元丰改制前，以本官定俸禄，到了元丰改制后，则以寄禄官阶定官员正俸。其次是俸禄名目和发放范围发生了变化，开始呈现出多样化的趋势。唐朝时期，职官的俸禄多由年禄、料钱、手力课等部分组成，而到了两宋时期，职官的俸禄构成名目颇为繁复，体现了以利相诱职官的目的。最后是俸禄发放侧重点发生了变化，从唐时由重京轻外至重外轻京，再到两宋时期的重京朝官尤其是升朝官，轻幕职官、州县官，体现着唐宋不同时期的不同治官之策。

其二，就致仕之制而言，首先两宋时期开始允许带职致仕。其次将致仕后升转官资立为定制，唐朝官员致仕，除极个别高级官僚在获得皇帝特恩的情况下可以晋升官阶，其余官员并没有此等殊荣，故而在唐朝时期，致仕官员升转官资仍是一种特例，代表着皇帝对某些臣僚的奖赏之举。最后以法律强制性的方式要求职官在满足条件的情况下，陈乞致仕。唐朝时期虽然规定官员年满七十均需陈乞致仕，但是对于精力充沛且仍可胜任之官却没有强制性规定。而两宋时期，一方面要求年满七十之官应主动陈乞致仕，另一方面则对于不自请致仕者，允许御史台负责督察弹劾。当然，虽然两宋职官的待遇较之唐朝甚为优厚，但职官内部的分配不均以及由此而带来的国家财政负担等问题仍是不可回避的缺陷。

结　语

唐宋之际，作为中国历史上的大变革时期，这种变革不是指政治体制等的重大变化，而是指国家治理政策上的更革。受立国环境的重大变化的影响，北宋初年的统治者们看到了唐末五代以来藩镇割据叛乱，地方政权尾大不掉所带来的种种弊端，因此，至北宋立国之初便一直致力于加强中央集权，防范武将擅权、专政。这种治国思想的变化，造就了唐宋之际治官思路的重大调整，呈现出在陈陈相因中亦代有兴革的显著特点。

其一，唐宋治官之法的陈陈相因性。基于人治社会的共性特征，唐宋时代的统治者对于职官的定位都是一致的，即替君主管理国家的工具。而这种工具必须为君主所用，也只能为君主所用。因此，从唐至宋，对于职官的监察都是一直存在的。同时，《宋刑统》对《唐律疏议》的全面继承，直接导致《职制律》无甚变化，因此，从法律制度的建构层面来看，至少北宋前期的治官之法与唐朝时期仍是有诸多相似之处的。

其二，唐宋治官之法的代有兴革性。在吏治兴衰的进程之中，后世的统治者往往能够及时吸取前朝统治者失败的教训，并且在建国之初就会有所更革。唐宋之际在治官上的重要变化集中体现在入仕、铨选、考课、监察和俸禄五个方面。

一是入仕制的重要变化。隋炀帝大开科举之门，打破了以血缘关系为纽带而形成的世卿世禄之制，到了唐朝，虽然科举制已经相当健全，然而由于世家大族的垄断，科举制仍是权势之人晋升仕途的重要途径，寒门子弟要想鱼跃龙门却是难上加难。但到了北宋时期，朝廷为了广开科举之门，不仅给了很多"起自孤生"的寒门子弟以入仕机会，更是允许商人之子参加科举考试，完全起到扩宽统治基础的需要。纵览隋唐至清的科举录取人数可以发现，有宋一朝的科举人数可谓历朝之最。

二是"有官、有职、有差遣"的定制形成于宋朝。虽然差遣制度古已有之，但真正形成一种职官管理的制度则是在宋朝。宋朝以"权知"的方式任命地方的知府、县令，甚至在中央机构中也是叙迁与关升相分离。而这种成为定制的差遣制度自然有其精妙之处，以监察官为例，宋朝赋予监察官监察百官之权，但在官阶方面予以"苛待"，往往六品而已。这种大小相维之策，被宋朝的统治者运用得炉火纯青。

三是考课制度中的重文轻武。宋朝时期重文轻武可谓国策，同时，这种重文轻武更是体现在对职官的考察之中，比如早在北宋前期，就已经明确规定了文官三年一迁、武官五年一迁的磨勘之制，就是说在同样六年的光景之中，文官就可以连升两级，但武官只能有一任的变化。

四是监察体制愈加严密。早在唐武则天时期便有了"风闻言事"之制，但这种制度并没有形成定制，而到了宋朝，风闻言事不仅成为定制，更是设置了针对台谏官的"辱台钱"。也就是说，到了宋朝时期，台谏官在履行监察之责时，不仅不用承担"风闻"有可能不实的责任，更是每三个月都要有至少一例案件汇报，否则就会被处以"辱台钱"。

五是俸禄之制的全方位完善。纵观历朝历代，唯有宋朝可以称得上是真正的"厚俸养廉"时代，在这一时期，职官享有最丰厚的俸禄，无论衣食住行，在宋朝官员的"工资"构成中都有体现，同时，这种俸禄之制更是宋朝统治者优遇百官的重要举措。类似经济赎买政策的厚俸之制，虽饱受后世之人评说，但其在宋朝所起到的稳定百官的作用也是不能被忽视的。

参考文献

一、历史文献

1. ［汉］班固：《汉书》，中华书局 1962 年版。

2. ［后晋］刘昫等：《旧唐书》，中华书局 1975 年版。

3. ［清］王夫之：《宋论》，舒士彦点校，中华书局 1964 年版。

4. ［唐］柳宗元：《柳宗元集校注》，尹占华、韩文奇校注，中华书局 2013 年版。

5. ［唐］李林甫等：《唐六典》，陈仲夫点校，中华书局 1992 年版。

6. ［宋］薛居正等：《旧五代史》，中华书局 1976 年版。

7. ［宋］叶适：《叶适集》，刘公纯、王孝鱼、李哲夫点校，中华书局 2010 年版。

8. ［宋］李焘：《续资治通鉴长编》，上海师范大学古籍整理研究所、华东师范大学古籍整理研究所点校，中华书局 2004 年版。

9. ［宋］王栐：《燕翼诒谋录》，诚刚点校，中华书局 1981 年版。

10. ［宋］洪迈：《容斋随笔》，孔凡礼点校，中华书局 2005 年版。

11. ［宋］苏轼：《苏轼文集》，孔凡礼点校，中华书局 1986 年版。

12. ［宋］陈亮：《陈亮集》，邓广铭点校，中华书局 1987 年版。

13. ［宋］黎靖德编：《朱子语类》，王星贤点校，中华书局 1986 年版。

14. 杨一凡、田涛主编：《中国珍稀法律典籍续编》第一册，黑龙江人民出版社 2002 年版。

15. ［宋］钱若水修：《宋太宗皇帝实录校注》，范学辉校注，中华书局 2012 年版。

16. ［宋］苏轼著，李之亮笺注：《苏轼文集编年笺注》，巴蜀书社 2011 年版。

17. ［宋］文彦博著，申利校注：《文彦博集校注》，中华书局 2016 年版。

18. ［宋］魏泰：《东轩笔录》，李裕民点校，中华书局 1983 年版。

19. ［宋］司马光：《司马温公集编年笺注》，李之亮笺注，巴蜀书社 2009 年版。

20. ［宋］李心传：《建炎以来朝野杂记》，徐规点校，中华书局 2000 年版。

21. ［宋］柳开：《柳开集》，李可风点校，中华书局 2015 年版。

22. ［宋］欧阳修：《归田录》，李伟国点校，中华书局 1981 年版。

23. ［宋］赵升编：《朝野类要》，王瑞来点校，中华书局 2007 年版。

24. ［宋］徐自明：《宋宰辅编年录校补》，王瑞来校补，中华书局 1986 年版。

25. ［宋］吕祖谦编：《宋文鉴》，齐治平点校，中华书局 1992 年版。

26. ［宋］庄绰：《鸡肋编》，萧鲁阳点校，中华书局 1983 年版。

27. ［宋］欧阳修、宋祁：《新唐书》，中华书局 1975 年版。

28. ［宋］郑樵：《通志二十略》，王树民点校，中华书局 1995 年版。

29. ［宋］李心传：《建炎以来系年要录》，中华书局 1988 年版。

30. ［元］脱脱等：《宋史》，中华书局 1985 年版。

31. ［明］陈邦瞻：《宋史纪事本末》，河北师范学院历史系中国古代史组点校，中华书局 2015 年版。

32. ［明］叶盛：《水东日记》，魏中平点校，中华书局 1980 年版。

33. ［清］周城：《宋东京考》，单远慕点校，中华书局 1988 年版。

34. ［清］李蕊：《兵镜类编》，李维琦等点校，岳麓书社 2007 年版。

35. ［清］毕沅编著：《续资治通鉴》，中华书局 1957 年版。

36. ［清］阮元校刻：《十三经注疏（清嘉庆刊本）》，中华书局 2009 年版。

37. ［清］赵翼：《廿二史札记校证》，王树民校证，中华书局 2013 年版。

38. ［清］孙诒让：《温州经籍志》，潘猛补点校，中华书局 2011 年版。

39. ［清］董诰等编：《全唐文》，中华书局 1983 年版。

40. 包伟民、郑嘉励编：《武义南宋徐谓礼文书》，中华书局 2012 年版。

41. 丁传靖辑：《宋人轶事汇编》，中华书局 2003 年版。

42. 周祖撰主编：《宋史文苑传笺证 附辽史文学传笺证》，凤凰出版社 2012 年版。

43. 曾枣庄、刘琳主编：《全宋文》，上海辞书出版社、安徽教育出版社 2006 年版。

44. 刘俊文：《唐律疏议笺解》，中华书局 1996 年版。

45. 《宋大诏令集》，司义祖整理，中华书局 1962 年版。

46. 《名公书判清明集》，中国社会科学院历史研究所宋辽金元史研究室点校，中华书局 1987 年版。

二、著作

1. 龚延明编著：《宋代官制辞典》，中华书局 1997 年版。

2. 白钢主编，俞鹿年著：《中国政治制度通史》第五卷，人民出版社 1996 年版。

3. 陈玉兰主编：《武义文献丛编·何德润卷》，中华书局 2019 年版。

4. 何忠礼：《宋史选举志补正》卷四，中华书局 2013 年版。

5. 龚延明：《宋史职官志补正》（增订本），中华书局 2009 年版。

6. 苗书梅：《宋代官员选任和管理制度》，河南大学出版社 1996 年版。

三、期刊

1. 赵乐：《北宋太原知府的选任》，《史志学刊》2014 年第 1 期。

2. 徐惠婷、陈煜：《唐朝职官制度的现代意义阐述》，《浙江学刊》2006 年第 6 期。

3. 韩国磐：《有轨迹可循的唐朝职官制度》，《江西社会科学》1988 年第 6 期。

4. 杜文玉：《坚持预防和惩治并举　唐朝如何防范官员权力滥用》，《人民论坛》2018 年第 7 期。

5. 马秀华：《试述唐朝官员的选用制度》，《边疆经济与文化》2006 年第 4 期。

6. 乌廷玉：《唐朝多数官员不是进士出身》，《社会科学战线》1978 年第 4 期。

7. 李志刚：《唐代监察权运行中蕴含的制衡理念》，《东岳论丛》2020 年第 7 期。

8. 赵明旸：《论唐代的监察制度与反腐——以御史台与地方监察制度为中心》，《保定学院学报》2020 年第 3 期。

9. 刘晓林：《唐代监察官员的职务犯罪行为及其处罚》，《甘肃社会科学》2018 年第 5 期。

10. 潘峙宇：《略论唐代御史台机构设置及其监察权》，《地域文化研究》2018 年第 4 期。

11. 杜文玉：《唐代如何通过考课制度改善吏治》，《人民论坛》2018 年第 23 期。

12. 霍存福：《从考词、考事看唐代考课程序与内容》，《法制与社会发展》2016 年第 1 期。

13. 徐珊珊：《唐代考课制度浅析——从唐代考使的角度透析考课制度的演变》，载《首都师范大学学报（社会科学版）》2010 年增刊。

14. 朱华：《唐代刺史考课制度初探》，载《四川师范学院学报（哲学社会科学版）》1999 年第 4 期。

15. 王佺：《唐代荐举之制与文人干谒之风》，《齐鲁学刊》2010 年第 5 期。

16. 宁欣：《论唐代荐举》，《历史研究》1995 年第 4 期。

17. 王孙盈政：《再论唐代的使职、差遣》，《历史教学》2016 年第 20 期。

18. 杜文玉：《从唐初官制看李世民夺位的基本条件》，《唐史论丛》1998 年刊。

19. 王一童：《唐代科举进士行卷之风与社会影响》，《青年文学家》2021 年第 33 期。

20. 朱子彦：《唐代科举制度与牛李党争》，《济南大学学报（社会科学版）》2016 年第 4 期。

21. 胡可先：《"座主"与"门生"　唐代科举助长了官场裙带关系吗》，《人民论坛》2016 年 9 月增刊。

22. 汪翔、郭静：《去留之间：唐代官员对"七十致仕"多元的传统认知》，《河南理工大学学报（社会科学版）》2023 年第 1 期。

23. 汪翔、张金铣：《近三十年以来唐代致仕制度研究述评》，《沈阳大学学报（社会科学版）》2015 年第 3 期。

24. 王卓：《唐代后期俸禄制度的演变》，《陕西学前师范学院学报》2017 年第 3 期。

25. 南承谟：《试论唐代俸禄制度的变迁及其困境》，《文史杂志》2016 年第 2 期。

26. 孙俊：《唐代特恩荫探析》，《云南社会科学》2013 年第 2 期。

27. 龚延明：《职官制度学养与出土文献整理——以新出土唐、宋两方墓志释读为例》，《浙江大学学报（人文社会科学版）》2011 年第 5 期。

四、学位论文

1. 韩凤山：《唐宋官学制度研究》，博士学位论文，东北师范大学 2003 年。

2. 王瑞：《北宋官员任期制度研究——以宰相与知州、知府为重点》，硕士学位论文，河北大学 2010 年。

3. 金荣洲：《7—9 世纪中外司法制度比较研究》，博士学位论文，陕西师范大学 2011 年。

4. 方资：《唐朝监察官员选任和管理制度研究》，硕士学位论文，河北经贸大学 2018 年。

5. 邓志：《唐代官员待遇研究》，硕士学位论文，西北大学 2010 年。

6. 汪翔：《唐代官员致仕研究》，博士学位论文，安徽大学 2016 年。

7. 宋靖：《唐宋中书舍人研究》，博士学位论文，东北师范大学 2008 年。

8. 吕丹：《唐朝监察权力运行研究及现代启示》，硕士学位论文，山西大学 2020 年。

9. 韩梅：《规训权力：唐代监察制度的一种政治学分析》，硕士学位论文，上海社会科学院 2016 年。

10. 刘杰：《唐代荐举制度研究》，硕士学位论文，河北师范大学 2012 年。